明日からすぐ使える！

子どもが思わず発表したくなる教師のアイデア50

竹岡正和 著

学事出版

はじめに

　「誰か発表してくれる人？」の声に「はい！」と決まった子どもの挙手。いわゆる「挙手→指名」に頼る授業では「同じ子ばかりが発表する」「学年が上がるにつれて発言する子が減る」といった声を耳にします。授業の中で子どもたちが積極的に発言し、互いの考えを共有し合う様子は、授業において理想の姿です。しかし、発表に対する子どもたちの抵抗感は、「間違えたらどうしよう」「笑われたら恥ずかしい」といった心理的な不安に根ざしていることが少なくありません。教育現場ではICTの取り組みが推進されていますが「対話的な学び」の重要性は揺るぎません。子ども同士の対話は、学びを深め、広げ、子どもたちの思考を活性化させる原動力です。そのためには、子どもたちが「発表したい」「安心して自分の考えを伝えられる」と思える環境を意図的にデザインする必要があります。

　本書『子どもが思わず発表したくなる教師のアイデア50』は、「発表」という具体的なテーマに焦点を絞り、子どもたちの心理的な不安を和らげ、発表したくなる環境を作るための具体的なアイデアを50個に凝縮しています。それぞれのアイデアは視覚的にイメージしやすいようイラストもふんだんに盛り込んでいます。本書の特徴は見開きで1つのアイデアで完結されています。

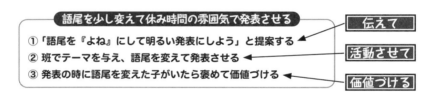

　左ページは、図のように活動の流れが「伝えて・活動させて・価値づける」の3ステップで構成されています。3ステップには、その時の「子どもの心理」と「教師にできる工夫」がそれぞれ書かれています。右ページは一目でわかるイラストと「指導のポイント」「確認とフォロー」でより理解しやすくなっています。

　このように本書は、子どもたちが安心して自分の考えを表現できる場作りと、子どもたちの「不安」に気づき、それに寄り添いながら具体的な手立てを打つことで学級の雰囲気をより良いものにすることを目指しています。

　本書が子どもたちの「発表したい！」という気持ちを引き出すための、お役に立てば幸いです。

竹岡正和

目 次

はじめに……2

第1章 安心して発表できる雰囲気にする5ステップ……5
●発表に不安をもつ子も発表できる雰囲気づくりを5つのステップで紹介……6
（1）「たとえば発表」で子どもは安心……8
（2）ひとこと書き意見の「見える化」……10
（3）書いた意見を隣に伝えよう……12
（4）書いた意見を5人に伝えよう①……14
（5）書いた意見を5人に伝えよう②……16
（6）いよいよ皆の前で発表しよう①……18
（7）いよいよ皆の前で発表しよう②……20
コラム……22

第2章 発表の後に活発な意見交流になる教師の技……23
●発表の後の「質問」「反論」が子ども同士のやり取りを活発にする……24
（8）「ほめほめ大会」をしよう……26
（9）「質問」で子ども同士の交流を①……28
（10）「質問」で子ども同士の交流を②……30
（11）「反論タイム」でさらに活発に①……32
（12）「反論タイム」でさらに活発に②……34
（13）「反論タイム」でさらに活発に③……36
（14）子どもの意見から新たな意見交流①……38
（15）子どもの意見から新たな意見交流②……40
（16）子どもの意見から新たな意見交流③……42
（17）意見が途切れた時のリセット術……44
コラム……46

第3章 次の発表レベルが格段と上がる振り返りの技……47
●「振り返り」で話し合いの度に学級全体のレベルを上げる……48
（18）「発表のヨネさん」で発表しよう……50
（19）線1本引いてワイワイやり取り……52
（20）ドキドキのくじ引き発表……54
（21）友達の良いところをほめほめ……56
（22）ノートに心に残った意見を書く……58
（23）反論ある意見文を書かせよう……60
（24）今日の聞き上手は…！？……62
（25）思わず発表したくなる「正の字」……64
コラム……66

第4章　教師の語りで「発表する子」「聞く子」に！……67

● 意図的に「話す・聞く」活動を体験させ、価値づけて教室に広げる……68
- (26) 発表が苦手な子への語り……70
- (27) 発表した子の気分が良くなる教室に……72
- (28) 子どもに発言する勇気を与える……74
- (29) 間違った発表をした時の語り……76
- (30) 話が聞けても姿勢が悪いと損をする……78
- (31) 講話朝会の話を聞かせるコツ……80
- (32) ジェスチャーゲームで楽しい交流……82
- (33) 思わず発表してしまうアイテム……84

🔖 コラム ……86

第5章　対話をゲーム化して子どもが楽しく活動！……87

● 「発表は緊張する」という気持ちをゲーム要素の力で解決します……88
- (34) ネームプレートで意見表明を！……90
- (35) 「ねぎらい発表」で良い雰囲気に……92
- (36) 質問に前に出てYES！NO！で発表を……94
- (37) 前に出てワンフレーズ歌声を！……96
- (38) 話し合いの意見集約の技「変身」……98
- (39) 話し合い集約の技「合わせ技」……100
- (40) 意見集約の技「合わせ技」……102
- (41) 対話遊びをしよう①……104
- (42) 対話遊びをしよう②……106
- (43) 班対抗！ロング話し合い合戦①……108
- (44) 班対抗！ロング話し合い合戦②……110
- (45) 「違うが勝ち」で人と違う意見を①……112
- (46) 「違うが勝ち」で人と違う意見を②……114
- (47) 「対話遊び」漢字の熟語集め①……116
- (48) 「対話遊び」漢字の熟語集め②……118
- (49) 「対話遊び」漢字の熟語集め③……120
- (50) 「○○と言ったら何！？」ゲーム……122

🔖 コラム ……124

おわりに……126

第1章 安心して発表できる雰囲気にする5ステップ

第1章
安心して発表できる雰囲気にする5ステップ

発表に不安をもつ子も発表できる雰囲気づくりを5つのステップで紹介

「発表してくれる人？」に手をあげる子は決まったメンバー。
「挙手→指名」型の発表形式にいくつかステップを入れることで
多くの子が安心して発表できる雰囲気ができます。

❶ 数名の発表で意見の「見える化」（１）

「何人かに発表してもらいます」と、数名に発表してもらいます。「あのような意見を言えばいいのか！」と他の子の参考になります。この数名の「たとえば発表」が例示になります。

❷ 話す前に書くことで意見の「見える化」（２）

意見の例示をした後に、自分の意見をノートに書かせます。頭の中にある考えをノートに書き出すことで意見の「見える化」をします。これで発表の準備完了です。

❸ 書いた意見を隣同士で見せ合い安心（３）

「隣同士でノートを見せ合ってごらん」全体の前での発表には抵抗があっても、隣同士なら安心して発表できます。相手がどんな意見か知ることもできて安心感が生まれます。

❹ 書いた意見を５人に伝えて賑やかに（４）（５）

さらに教室を自由に動き回って５人と意見交換をします。ガヤガヤとした雰囲気の中での１対１の発表。これで声を出すことが苦手な子も楽しく発表することができます。

❺「列指名」から「全体発表」で安心（６）（７）

いよいよ全体発表。まずは「列指名」の発表で子どもの背中を押してあげます。次に「他にも意見ある人？」と全体に聞くことで他の子の意見を引き出すことができます。

コラムの要点

この５つのステップは毎回の授業で必ず全て行うものではありません。発問の難易度や学期によってステップを省略することもあります。

（1）「たとえば発表」で子どもは安心
数名の発表で意見の「見える化」をしよう

対象学年：全学年　使用時間の目安：3分

意見が思い浮かばない子への例示をしてもらう

① まずは挙手した数名を指名して他の子の例示にする
② 「今のように考えればいいのです」と例示をもとに考えさせる
③ 「他にも意見があるよね」と意見を引き出す雰囲気ができる

① まずは挙手した数名を指名して他の子の例示にする

 子どもたちの心理は？　 いきなり発表して！と言われても考えが浮かばないよ！

教師のできる工夫は？　「何人かに発表してもらいます」と全体に伝えて、まずは手を挙げた子数名に発表してもらいます。この数名の発表が他の子にとって「例示」になります。

② 「今のように考えればいいのです」と例示をもとに考えさせる

 子どもたちの心理は？　 なるほど！あのような意見を考えればいいのか！

教師のできる工夫は？　「今のように考えればいいのですよ」と数名の発表後に伝えます。発表した子も安心できます。手を挙げなかった子も発表を聞いて考えやすくなります。

③ 「他にも意見があるよね」と意見を引き出す雰囲気ができる

 子どもたちの心理は？　 よし！自分も考えてみよう！他にも考えられそう！

教師のできる工夫は？　「今の発表を参考にすれば、まだ他にも意見があるでしょう」と全体に発表を促すことができます。子どもが安心して発表できる雰囲気を作ることができます。

指導のポイント

「発表してくれる人？」と聞いて手を挙げるのは自信がある子や得意な子です。まずはその数名に活躍してもらって意見の例示にします。数名の意見を聞くことで「あのように言えば（書けば）いいのか」と安心感が教室に生まれます。そこから「他にも意見あるよね」と全体に促したり「今の発表を参考にして考えをノートに書きます」と指示を出したりできます。また「隣同士で他にも意見がないか話し合ってみて」と促すこともできます。数名の発表を「見える化」し、他の意見を引き出します。

確認とフォロー

参考となる発表をした数名に「あなた達が発表してくれたおかげで皆も考えやすくなったよ」とねぎらってあげると良いです。「『たとえば発表』してくれる人？」とネーミングするのも雰囲気作りになります。

（2）ひとこと書き意見の「見える化」
頭の「中」にある考えを「外」に書き出す

対象学年：2年生以上　使用時間の目安：5分

ノートに書くことで意見を「見える化」させる

① 「今の発表を参考にしよう」と数名の発表を参考にさせる
② 「まずは答えだけでいいよ」と結論だけ短く書かせる
③ 「真似すればいいのです」のひとことで安心させる

①「今の発表を参考にしよう」と数名の発表を参考にさせる

 子どもたちの心理は？ そう簡単に自分の考えなんて思い浮かばないよ…

教師のできる工夫は？　事前に数名に発表してもらいます（第1章(1)を参照）。「今の発表を参考にして自分の考えを書きます」。考えが浮かばない子にとって「あのようなことを書けばいいのか」と参考になります。

②「まずは答えだけでいいよ」と結論だけ短く書かせる

 子どもたちの心理は？ 答えは書けそう、でも理由を書くのはまだ難しいなあ…

教師のできる工夫は？　「まずは答えだけ書けばいいよ」と伝えます。「理由の部分は後でクラスの発表を聞いて、似たような理由があれば真似すればいいのです」と安心させます。

③「真似すればいいのです」のひとことで安心させる

 子どもたちの心理は？ いつまでに理由を書けばいいのだろう？

教師のできる工夫は？　「授業の終わりに振り返りの時間を取るからそこで書けばいいよ」と伝えます。苦手な子どもには「友だちのノートを真似させてもらえば大丈夫」と安心させます。

指導のポイント

「今の発表を参考にしてノートに答えをズバリ書きます」と自分の意見を書かせます。意見を書きやすくするためにも発問は「春か夏かどちらか」「1番、2番、3番のどれか」など答えを選択できるものにします。子どもは結論だけ短く書くことができます。次に理由を書かせます。「なぜその答えなのか理由を短く書きます」。書けない子には「隣の人に聞いてもいいよ」「後で何人かに発表してもらうから、その時に似た理由があれば真似すればいいのですよ」と伝えることで安心します。

頭の「中」の考えを「外」に書き出す

確認とフォロー

書いてないことは発表しにくいので、書くことで頭の中を「見える化」できます。「発表＝ノートを読む」です。従って「ノートに書いたことを読めばいいだけだからね」と子どもを安心させることができます。

（3）書いた意見を隣に伝えよう
隣と意見交流で安心して話せる雰囲気づくり

対象学年：2年生以上　使用時間の目安：2分

最初に「話し役」「聞き役」を決めてからスタート

① 「ノートに書いた意見を隣に伝えます」と指示する
② 「次は隣の人の意見を聞きます」と役割チェンジ
③ 「隣同士なら安心して発表できるよね」と全体に伝える

①「ノートに書いた意見を隣に伝えます」と指示する

子どもたちの心理は？　自分の意見は合っているのかな？　変なこと書いてないかな？

教師のできる工夫は？　「隣の人に意見を伝えます」と指示します。子どもは自分の意見が合っているのか、見当違いでないか不安です。そこで隣と意見交流することで相手の意見を知り、安心します。

②「次は隣の人の意見を聞きます」と役割チェンジ

子どもたちの心理は？　隣と同じで安心！（隣と違うけどそういう考えもあるのか！）

教師のできる工夫は？　「意見を伝えたら次は隣の人の意見を聞く番です」と指示します。ノートに書いた意見は自分だけのものです。それを伝え合うことで互いの意見を知ることができ、安心につながります。

③「隣同士なら安心して発表できるよね」と全体に伝える

子どもたちの心理は？　発表は苦手だしなあ…　指名されたらどうしよう

教師のできる工夫は？　「隣なら安心して発表できます。隣に伝えるのも立派な発表です」と語ります。「毎日続けることで慣れます。いずれ全員の前で発表できるようになります」と見通しをもたせます。

指導のポイント

「誰か発表してくれる人?」と言われても手を挙げにくい子もいます。全員の前で発表するのはハードルが上がります。そこで「隣同士で意見を伝え合います」とハードルを下げます。最初は教師が発表する人と聞く人の役割分担をするとスムーズにいきます。いずれ「隣同士でノートを見せっこしてごらん」と指示するだけで意見交流ができるようになります。教室が賑やかになり2分ほどすると話し終わって静かになってきます。このタイミングで「終わったペアは前を向いて」と伝えます。

全体での発表前に隣同士で発表

隣同士でノートに書いた意見を伝え合います。
先にどちらが話すか決めてからスタート!

隣同士なら緊張せずに発表できる

確認とフォロー

「隣の人と同じ(違う)意見だった人?」「隣の人の意見がすごいと思った人?」など全体に聞きます。「○○さんは隣の意見の何がすごかったのか教えてくれる?」と次の展開にすることもできます。

（4）書いた意見を5人に伝えよう①
自由に出歩き話しやすい雰囲気で意見交流を

対象学年：2年生以上　使用時間の目安：3～5分

自由に出歩くことで教室に声を出す雰囲気を作る

① 「自由に出歩いて5人に意見を伝えます。時間は3分」と指示
② 「何も書いてない人は5人から聞きましょう」で活動開始
③ 1人になりがちな子をフォローする

① 「自由に出歩いて5人に意見を伝えます。時間は3分」と指示

子どもたちの心理は？

やっぱり全体の前で発表するのは恥ずかしいなあ…

教師のできる工夫は？　「5人に自分の意見を伝えます」の指示で教室を動き回ります。1対1の対話なので安心して交流できます。賑やかな雰囲気なので全体の前で発表するのが苦手な子も安心できます。

② 「何も書いてない人は5人から聞きましょう」で活動開始

子どもたちの心理は？

5人といっても話しかけにくいなあ…

教師のできる工夫は？　「まだ意見がない人は発表を聞くだけでいいのです」で子どもは安心します。「1人で迷っている人に自分から声を掛けるのが良い学級です」と伝えて声掛けしやすい雰囲気を作ります。

③ 1人になりがちな子をフォローする

子どもたちの心理は？

色々な人の意見が聞けて安心！教室の様子もわかった！

教師のできる工夫は？　1人でいる子に「○○さんはどう思う？」と教師が聞いてあげます。活動中の教師は1人の子同士をつなげたり、得意な子に「○○さんが1人でいるよ」と声掛けしたりします。

> **指導のポイント**
>
> 子どもが自由に教室を動くことで自然と話す声が大きくなります。休み時間の雰囲気に近い状態になります。少し難しい発問や教室の雰囲気が固い時に「5人に伝えよう」は有効です。タイマーを使って残り時間が視覚的にわかるようにするのも工夫の1つです。教師は全体の様子を見ながら1人になりがちな子をサポートします。1人になりがちな子に話しかける子がいたら、その子に、さりげなく「ありがとう。相手の子はすごく嬉しそうな顔をしていたよ」と声掛けします。

席を立って自由に5人と意見交換

休み時間の雰囲気で楽しい伝え合い

> **確認とフォロー**
>
> 必ず5人である必要はありません。始めの頃は3人でも構いません。学級の実態に応じて人数や活動する時間は変えます。「〇人と伝え合えたらいいね」と目標を示すぐらいで丁度良いです。

（5）書いた意見を5人に伝えよう②
何人と意見交流できたか評定してやる気ＵＰ

対象学年：２年生以上　使用時間の目安：３分

何人と会話できたか全体で確認して評定する

① 着席後「それでは何人と会話できたか聞きます」と伝える
②「１人とできた人？」「２人とできた人？」と全体の場で挙手
③「５人とお話できた人？素晴らしい！」とねぎらう

① 着席後「それでは何人と会話できたか聞きます」と伝える

先生は何人と会話したか見てないからサポってても大丈夫かな

教師のできる工夫は？ 誰が何人と会話したか把握するのは困難です。そこで活動終了時に①を伝えます。これを毎回行うことで子どもは「最後は何人と会話できたか必ず聞かれる」と意識するようになります。

②「１人とできた人？」「２人とできた人？」と全体の場で挙手

他の人は何人と会話していたのかなあ

教師のできる工夫は？「１人とお話できた人？」と聞きます。この時「周りを見るのですよ」と伝えることで子どもが教室全体を意識するようになります。「２人とできた人？」「３人？」と次々と聞きます。

③「５人とお話できた人？素晴らしい！」とねぎらう

私は１人でいる子に積極的に声掛けをしたよ

教師のできる工夫は？「さらに聞きます。１人でいる子に自分から声を掛けた人いる？」と聞いて、挙手する子がいたら褒めます。「１人の仲間にも声を掛けるのがあたたかい学級です」と全体に広げます。

指導のポイント

最初の時期は5人とやり取りするのは難しいかもしれません。5人とできなくても叱らず「次は1人でも多くの人と会話できるといいね」と伝えます。慣れてくると5人以上と会話する子も出てきます。「もしかして6人以上とお話できた人いる？」と聞くことで積極的な子を認めてあげることができます。また、1人ポツンとした子に話しかける子もいます。このような積極的な子を取り上げることで学級全体に良い声掛けを広げることができます。

全員着席し、教師に注目させてから

他に「自分から声を掛けることができた人？」が効果的

確認とフォロー

対話が苦手な子にとって5人はハードルが高い場合があります。学級の実態に応じて3人から始め、慣れてきたら「今日から5人に人数を増やします。できたらすごい」とレベルUPさせると良いです。

（6）いよいよ皆の前で発表しよう①
子どもが安心して全体の場で発表できる列指名

対象学年：全学年　使用時間の目安：3分

1人ずつ順に全体の前で発表する経験を積む

① 「この列立ちましょう」と一箇所指定して起立させる
② 「〇〇さんから順に1人ずつ発表します」と指示する
③ 「発表したら座ります」と指示する

①「この列立ちましょう」と一箇所指定して起立させる

　子どもたちの心理は？　　皆の前で発表するのは緊張するなあ。間違えて笑われたら嫌だし

教師のできる工夫は？　4月、子どもは学級の雰囲気が掴めないので緊張します。そこで列指名で意図的に多くの子が発表する機会を作ります。多くの子に発表の経験を積ませることで緊張を減らしていきます。

②「〇〇さんから順に1人ずつ発表します」と指示する

　子どもたちの心理は？　　自分だけ間違っていたら嫌だなあ

教師のできる工夫は？　列指名は多様な意見が出る場面に向いています。算数のように答えが定まる場面でなく、資料を見て気づいたこと、鑑賞した感想など自分の考えを伝える場面で用いると良いです。

③「発表したら座ります」と指示する

　子どもたちの心理は？　　発表してもいいけど自分から手を挙げてまで発表しなくても…

教師のできる工夫は？　「自分が発表しなくても誰かが発表してくれるだろう」と思う子もいます。そうした子の背中をちょっと押すためにも列指名は有効です。列指名で発言する経験を積むのが大切です。

指導のポイント

列指名は1つの発問で全ての列を指名するものではありません。1つの発問で1つか2つの列で充分です。次の時間では前に指名していない列を指名し、1日の授業で全ての列が均等に指名されるように組み立てると良いです。列指名の目的は多くの子に発表の機会を与えることです。毎日の発表の積み重ねが「発表しても恥ずかしくない」「発表しても緊張しない」雰囲気を作ります。それが教室内に発表する雰囲気を作るのです。

1日の中で全ての列が発表できる機会を！

この列、立ちます。前から順に発表したら座ります。

確認とフォロー

高学年の場合、列指名の後に「今、何種類の意見が出ましたか。隣同士で数を伝え合ってごらん」と数を聞くことで聞く力を育てることもできます。たまにこうした確認を入れるのも良いです。

（7）いよいよ皆の前で発表しよう②
「まだ他に意見がある人？」で全体を巻き込む

対象学年：2年生以上　使用時間の目安：3分

「列指名」と「まだある人？」をセットにする

① 列指名後に「まだ他に意見がある人？」と聞く
② 「素晴らしい！手を挙げた人は立ちます」と指示する
③ 「それでは廊下側の人から発表したら座ります」と指示する

① 列指名後に「まだ他に意見がある人？」と聞く

 子どもたちの心理は？
（列指名後）まだ他の意見があるけどなあ…

教師のできる工夫は？　列指名後「まだ他に意見がある人は手を挙げます」と聞くことで教室全体を巻き込むことができます。「他にも意見がある！」と思う子にも活躍の場を与えることができます。

②「素晴らしい！手を挙げた人は立ちます」と指示する

 子どもたちの心理は？
よし！次も人が思いつかない意見を考えよう

教師のできる工夫は？　「素晴らしい！」「よく思いつくね！」「まだあるんだ！」などと言われることで子どもは喜びます。「立ちます」と指示することで意見がある子は発表する心の準備をすることができます。

③「それでは廊下側の人から発表したら座ります」と指示する

 子どもたちの心理は？
（他の子が発表中）先に自分の意見が言われないかなあ

教師のできる工夫は？　発表の途中「先に言われたら」と不安に思います。自分の意見は自分の口で言いたいものです。「同じ意見だったら座ります。立っただけで発表したのと同じだから大丈夫」と伝えます。

> **指導のポイント**
>
> 列指名後「まだ意見あります！」と手を挙げる子もいます。「まだあるの！すごいな！」と驚き発表してもらう場面です。発表する順が後になる程「ああ…言われちゃった」となります。発表した子だけでなく、先に言われてしまった子にも「○○さんも同じ意見なのね」とひとこと伝えるだけで子どもは納得します。列指名は教室の一部だけの声ですが、列指名後では教室全体あちこちから声が出されるので子どもが巻き込まれる雰囲気になります。列指名とセットで行うと良いです。

「列指名」と「まだある人？」をセットに

より多くの意見を引き出して教室を活発に！

> **確認とフォロー**
>
> 「ここまでで1回でも発表した人？」と聞くことで発表した子をねぎらうことができます。「同じ意見を言われて座った人も発表したことになりますよ」と価値づけることが大切です。時々、確認すると良いです。

コラム

　1章で紹介した5つのステップを必ずしも全て行うわけではありません。例えば4月には全て行いつつ、子どもの様子を見て徐々に減らしていきます。発表に慣れてきた頃はいきなり列指名から始めた方がスムーズに行くこともあります。また発問の内容によってはノートに書く作業を省略したり、考えるのに時間を要する発問ならばじっくり書く時間を取ったりと「時期」「発表する内容」「その時の子どもの様子」に合わせて変えます。

　この「列指名」と「まだある人？」のセットはいろいろな教科で使えます。音楽では鑑賞で使えます。「この曲は明るい曲かな？静かな曲かな？短く理由もつけて発表します」と伝えて列指名を行います。その後「他の理由がある人いる？」と全体に問うことができます。算数では課題解決として2つの解法があった時に「どちらのやり方が自分にとってやりやすいかな？」と列指名で聞いていくことができます。体育では子どもに手本となる運動をさせた後、「○○さんのどこが上手だった？近くの人と伝え合ってごらん」と指示します。しばらくして「3班立ちます。1人ずつ発表します」ともっていくことができます。

　このように様々な教科で使えます。5つのステップのどこを省略するか、どのステップを長く取るか、「時期」「発表する内容」「その時の子どもの様子」に合わせて工夫します。大切なのは1日の中で多くの子が発表する機会を教師が生み出すことです。

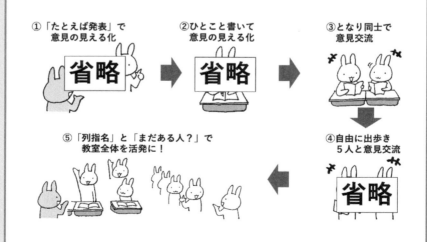

発表の後に活発な意見交流になる教師の技

第2章
発表の後に活発な意見交流になる教師の技

発表の後の「質問」「反論」が子ども同士のやり取りを活発にする

ここでは「質問」「反論」を中心に紹介します。
「反論」は否定的なやり取りが生じるので、
学級に何でも言える雰囲気ができるようになった
高学年がお勧めです。「質問」だけでも充分です。

反論は「にこにこ笑顔」「ふわふわ言葉」で

❶「ほめほめ大会」をしよう（8）

授業で「良い発表者」を子ども同士でねぎらいます。4月なら「自分から手を挙げた人」等と指定します。子ども同士で「～が良かったよ」と伝え合うことで教室が和やかな雰囲気になります。

❷「質問」で子ども同士の交流を（9）（10）

子どもの意見にはわかりにくいものもあるので質疑応答の時間を作ります。答えてもらったら、「ありがとうございます」と言わせます。質問→応答→お礼までがやり取りのセットです。

❸「反論タイム」でさらに活発に（11）（12）（13）

反論はキツイ言い方になりがちです。そこで「発表はニコニコ笑顔」「相手に優しく伝えるためのふわふわ言葉」の2つを教室に取り入れることで活発な意見交流になります。

❹ 子どもの意見から新たな意見交流（14）（15）（16）

教師が子どもの意見を取り上げて「○○さんの意見についてどう思う？」と全体に投げかける意見交流です。教師の発問と違って子どもたち自身で授業を作る感覚になります。

❺ 意見が途切れた時のリセット術（17）

学級会に適しています。司会が「何か意見がある人いますか？」といきなり全体に求めてもなかなか手は挙がりません。そこで教師が相談タイムを伝授します。一度教えると子どもは使いこなします。

コラムの要点

「反論」は、何でも言い合える学級の雰囲気が重要です。そこで導入する際、楽しい雰囲気でできる反論の仕方をコラムで紹介します。

（8）「ほめほめ大会」をしよう
友達の意見を大切にする雰囲気作りを

対象学年：4年生以上　使用時間の目安：6分

「ほめほめ大会」で子ども同士がねぎらう体験を

① 「ほめほめ大会」を開くことを伝える
② 「その人の所へ行って『良かった』と伝えよう」で活動開始
③ 発表したけれど声掛けされない子へ教師がフォローする

①「ほめほめ大会」を開くことを伝える

 子どもたちの心理は？ （授業終盤）自分は発表したけど周りの反応はどうだったかな

教師のできる工夫は？　「ほめほめ大会をします。授業で良い発表をした人がたくさんいたよね。その人の所へ行って『～が良かったよ』と伝えます」と子どもに発表して良かったと実感させるために行います。

②「その人の所へ行って『良かった』と伝えよう」で活動開始

 子どもたちの心理は？ 発表で頑張った人と言われてもわからないな…

教師のできる工夫は？　「良い発表」を例示します。4月なら「自ら手を挙げて発表した人」「間違っても再度発表した人」など発表したことに価値づけます。「その人の所へ行って伝えよう」で開始です。

③ 発表したけれど声掛けされない子へ教師がフォローする

 子どもたちの心理は？ 「発表したら褒めてもらえる」「発表したけど誰も来なかった」

教師のできる工夫は？　「発表したけど声掛けされなかった人いる？」と聞きます。いた場合「○○さんの発表は～で良かったよ」と教師がその場で伝えます。教師のフォローを周りの子も見ています。

> **指導のポイント**
>
> ４月、「自ら手を挙げた人」「間違えてもチャレンジした人」に始まり、「あっと驚く意見を言った人」「自分には思いつかない意見を言った人」「助け舟を出して代わりの意見を言った人」など「ほめほめの材料」を少しずつ増やしていくと良いです。特に何も発言しなかった子には「本当は意見があったけど、発表するチャンスを逃しただけだよね。大丈夫だよ。必ずできるから。その分、頑張った友達にたくさんほめほめ言葉を伝えよう」と励まします。こうして発表する雰囲気を作ります。

> **確認とフォロー**
>
> 「ほめほめ大会」中、教師は頑張って発表したのにポツンとしている子を見逃さないようにします。「よくぞ自分から発言したね。勇気があって成長を感じたよ」など、子どもの輪に割って入って伝えます。

（9）「質問」で子ども同士の交流を①
「どうしてそう考えたのですか」で意見交流開始

対象学年：3年生以上　使用時間の目安：10分

出された意見はそのままにせず「質問」させる

① 「出された意見の中に質問したいものがないか」子どもに聞く
② 「隣同士で少し相談してごらん」で活動開始
③ 「それでは質問したい人は手を挙げます」で全体に広げる

①「出された意見の中に質問したいものがないか」子どもに聞く

子どもたちの心理は？　（板書を見て）あの意見の○○ってどんな意味だろう？

教師のできる工夫は？　黒板に子どもの意見が書かれている場面です。学級会で出された様々な案、発問によって出された様々な意見の中には子どもが理解しにくいものがあります。それを①のように聞きます。

②「隣同士で少し相談してごらん」で活動開始

子どもたちの心理は？　あの意見が少しわからないけど手を挙げるのは恥ずかしいなあ

教師のできる工夫は？　いきなり「質問したい人？」と言われても緊張します。まずは「隣同士で質問してみたい意見がないか相談して」と指示します。話しやすくなり、意見をじっくり見る時間ができます。

③「それでは質問したい人は手を挙げます」で全体に広げる

子どもたちの心理は？　あっ質問してくれた人がいた！集中して聞こう！

教師のできる工夫は？　相談後、「質問したい人？」と聞きます。挙手する子に「『○○さんに質問です』と言ってから質問しましょう」と発言の出だしを指定すると質問を受けた人は心の準備ができ安心します。

指導のポイント

質問なしで次の場面に進むと、「はてな」の状態のまま進むことになります。そこで出された意見に対して質問の時間を作ります。教師が「出された意見をもっと良くするために質問するって大切なのですよ」と語ります。最初に「○○さんに質問です」と誰に対する質問か言わせます。次に「〜の部分がわからないのでもう少し詳しく教えてください（意味質問）」「どうしてそのように考えたのですか（理由質問）」と２つの質問の型があることを教えると子どもは使いこなすようになります。

質問の話型を掲示すると見ながら質問できます

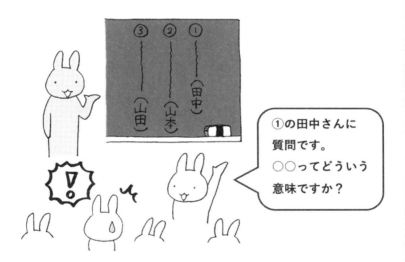

確認とフォロー

質問するために挙手した子へ「学級（学習）をよりよくするために質問しようと手を挙げてくれて素晴らしい」とねぎらいます。教師の価値づけがあるからこそ、緊張して質問しようと挙手した子も安心できます。

(10)「質問」で子ども同士の交流を②
質問を受けたら「発表者」が答えて活発な交流に！

対象学年：３年生以上　使用時間の目安：15分

「質問」→「応答」→「お礼」をセットで指導

① 「意見を出してくれた○○さんどうですか？」と促す
② 教師が質問者へ「納得しましたか？」と聞いてあげる
③ 「答えてくれた○○さんに『有難う』って言おう」と伝える

①「意見を出してくれた○○さんどうですか？」と促す

子どもたちの心理は？

（質問された子）うわあ、どうしよう、答えられるかな…

教師のできる工夫は？　前の（9）で質問を受けた場面です。教師は質問を受けた子に①のように促しますが緊張しているので「答えられそう？答えられるなら立って発表してごらん」と笑顔で優しく伝えます。

② 教師が質問者へ「納得しましたか？」と聞いてあげる

子どもたちの心理は？

「ほっ、質問に答えられた」「そういう意味か！質問して良かった」

教師のできる工夫は？　質問に答えてもらったら、「今の答えで納得しましたか」と質問者へ聞きます。教師の役目は「質問者」と「応答者」の間に入る接着剤の役目です。笑顔でやり取りを繋ぎます。

③「答えてくれた○○さんに『有難う』って言おう」と伝える

子どもたちの心理は？

この先わからない時は質問してもこのクラスは大丈夫そうだ！

教師のできる工夫は？　答えてもらったら、「良かったね！答えてもらって。これでスッキリだね。教室の皆も同じ気持ちです」とねぎらいの声をかけてから③を伝えます。質問→応答→お礼までがセットです。

> **指導のポイント**
>
> 答える子は緊張します。考える時間もなく突然、質問に答えなければならない状態になったからです。時には「いきなり質問されたら誰でも緊張するよね。無理に答えなくてもいいよ。代わりに答えてくれる人がこのクラスにはいるから！」と伝えます。答えられそうにない時「こういう時は『○○さんの代わりに答えます』って助け舟を出すのです」と周りに促します。「友達の代わりに答えてあげるのが良い学級の証拠！」と伝えます。教師のあたたかい介入が話しやすい雰囲気を作ります。

活発な交流の一歩
それは質問と応答から始まる！

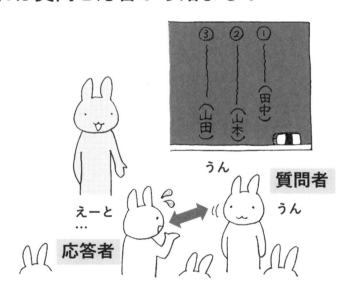

> **確認とフォロー**
>
> 質問と応答のやり取りを周りの子も緊張しながら見ています。「質問する子も答える子も緊張するよね。今のやり取りを見て皆が安心して『自分も質問してみよう』って雰囲気になったね」と語りかけます。

（11）「反論タイム」でさらに活発に①
「反論」を取り入れて活発で深い意見交流に

対象学年：5年生以上　使用時間の目安：15分

反論は「確かに○○もいいけど」と前置きさせる

① 「意見の中でおかしいなと思うものはありませんか」と聞く
② 隣同士で「おかしいな」と思う意見を探させる
③ 反論する時は相手に優しく伝えるための言葉を教える

① 「意見の中でおかしいなと思うものはありませんか」と聞く

子どもたちの心理は？
（板書を見て）あの意見は少し違うのでは？

教師のできる工夫は？　学級会の話し合いで反論する場面があります。授業でも間違った意見が出される時もあります。板書に注目させて「この中で少しでも『おかしいな』って意見ありませんか」と聞きます。

② 隣同士で「おかしいな」と思う意見を探させる

子どもたちの心理は？
あの意見は多分違うと思うけど私の勘違いかもしれないなあ

教師のできる工夫は？　「隣同士で探してごらん」と指示すると相談が始まります。少人数なので「あの意見はおかしい。だって…」と理由をつけて発言しやすい雰囲気になります。その雰囲気を大切にします。

③ 反論する時は相手に優しく伝えるための言葉を教える

子どもたちの心理は？
あっ、反対意見が出た！笑顔で言い方も優しいから楽しいなあ

教師のできる工夫は？　「反論の発表はニコニコ笑顔でね。さらに相手に優しく伝えるために3つのふわふわ言葉があります」と伝えてイラストにある言葉を教えます。反論前の雰囲気作りが大切です。

指導のポイント

反論ではイラストの3つのどれかに続けて意見を発表させます。相手が出した意見を尊重するためです。「3つのふわふわ言葉を言うとね、意見を出した人も嫌な気持ちがなくなります」と理由を伝えると良いです。「反対意見」という言葉に抵抗を感じる子もいます。「反論タイム」「1組の論破タイム」などネーミングを変えるだけでも抵抗感が和らぎます。笑顔で反論させるのも重要です。教師もニコニコしながら反論を聞きます。周りの子はその様子を見て雰囲気を感じます。

反論タイムでは
「ニコニコ笑顔！」
「3つのふわふわ言葉」
で優しく！

話型を掲示すると子どもは見ながら発言できます

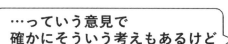

○○さんの意見もいいなと思ったけど

…っていう意見で確かにそういう考えもあるけど

○○さんの意見もなるほどって思ったけどもし、それだと〜になりませんか？

確認とフォロー

反論タイムでは「反論されるってことは、それだけ価値がある意見だったのです。そして反論される意見を出してくれたおかげでクラスが賢くなれたのです」と意見を出してくれた人を価値づけるのが大切です。

（12）「反論タイム」でさらに活発に②
反論されたら「発表者」が答えて活発な交流に！

対象学年：5年生以上　使用時間の目安：15分

「反論」「応答」する子をねぎらう

① 「意見を出してくれた○○さんどうですか？」と促す
② 教師が反論した子に「納得しましたか？」と聞いてあげる
③ 納得したら次の反論タイムへ。しないなら再度反論させる

①「意見を出してくれた○○さんどうですか？」と促す

（反論された子）ええ！自分に反論が来た！どうしよう…

教師のできる工夫は？　①のように聞いてあげます。場合によって「反論されたけど答えられるかな？」と優しく声掛けもします。答えられるなら「それでは答えてもらいましょう」と教師もニコニコします。

② 教師が反論した子に「納得しましたか？」と聞いてあげる

（周りの子）ニコニコしながら言い合っているので楽しいなあ

教師のできる工夫は？　反論に応答したら②のように聞きます。納得なら「反論した□□さんと、それに笑顔で答えた○○さんのおかげで素晴らしい意見交流ができました。拍手をします」と両者を価値づけます。

③ 納得したら次の反論タイムへ。しないなら再度反論させる

自分も反論したいけど勇気が出ないなあ。どうしよう…

教師のできる工夫は？　納得したら次の反論タイムです。「他に反論できる人がいたら立ちます」と続けます。順番に「反論」「応答」を行います。「ニコニコ笑顔」「ふわふわ言葉」を意識させます。

指導のポイント

反論された時、子どもによってはマイナスな気分になります。そうならないように反論する時は「ニコニコ笑顔」「ふわふわ言葉」の約束を必ず守らせます。反論に答える子にも「ニコニコしながら答えてあげようね」と声掛けします。さらに答える子の発表も教師はニコニコして大きく頷きながら聞きます。そうした教師の姿が教室の雰囲気を作ります。応答に納得しない場合は「今の答えに納得しないのですね。それではニコニコしながらもう一度反論をどうぞ」と声掛けします。

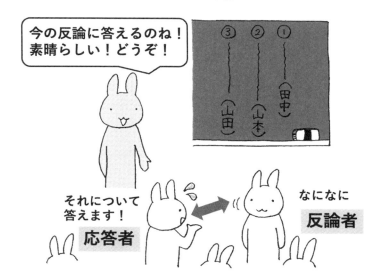

確認とフォロー

1つの反論→応答のやり取りが終わる度に「2人のおかげで皆が賢くなるね」と価値づけします。学級会ならば「2人のやり取りのおかげでもっと良い案が出そうだね」と前向きな話し合いに持っていきます。

(13)「反論タイム」でさらに活発に③
発表者が答えられない時はクラスを巻き込んで

対象学年：5年生以上　使用時間の目安：10分

反論に答えられない時の役割！助っ人を伝授

① 反論に答えられない時は、助っ人の役目の提案をする
②「○○さんの代わりに答えます」で教室全体を巻き込む
③ 助っ人が出ない場合は、その反論は置いて次の反論に移る

① 反論に答えられない時は、助っ人の役目の提案をする

 子どもたちの心理は？ 反論されたけど何て答えれば良いかわからないし、緊張する

教師のできる工夫は？　「答えられない時は誰か他の人が代わりに答えればいいのです。これを助っ人と呼びます」と、助っ人の役割をルールとして導入します。無理に反論に答える必要はないことを伝えます。

②「○○さんの代わりに答えます」で教室全体を巻き込む

 子どもたちの心理は？ 誰か代わりに答えてくれないかなあ。このままだと気まずい…

教師のできる工夫は？　「(②のように) 言ってから発表すればいいのですが、誰かいませんか」と全体に促します。反論に答える価値ある意見であれば「○○さんだけの問題ではありませんよ」と促します。

③ 助っ人が出ない場合は、その反論は置いて次の反論に移る

 子どもたちの心理は？ 助っ人が出て助かったし、助っ人が出なくても次に進むのか！

教師のできる工夫は？　助っ人が出たらやり取りを続けます。数秒待っても出ない場合は「では、この意見は一旦置いて次の反論に移ります」と伝えます。待つ時間は緊張感が漂うのでサッと次に切り替えます。

指導のポイント

あらかじめノートに書いた意見を発表するのとは違い、反論への応答はその場で咄嗟に考えて発表するので緊張感が生まれます。よって「代わりに答えてあげるのも大切な勉強です」「1対1のやり取りでなく、皆で話し合いを作っていくのが良い学級です」など周りの子も巻き込んだ意見交流をするようにします。それでも助っ人が出ない場合もあります。教室に緊張感が続くのは次の発表にも影響するので、サッと切り替えて次のやり取りに進みます。楽しい雰囲気づくりが優先です。

「助っ人」の役割で話し合いが活発に！

確認とフォロー

助っ人が出たら「1対1のやり取りに助っ人が加わってとても良い学習になりましたね」と伝えます。「1つの意見に対して多くの仲間が発言することでより深い学びになります」と価値づけします。

(14) 子どもの意見から新たな意見交流①
「○○さんの意見についてどう思う？」で交流を

対象学年：3年生以上　使用時間の目安：15分

意図的に学習が深まりそうな意見を取り上げる

① 発問の後、列指名などで多くの意見を出させる
② 学習が深まりそうな意見を教師が1つ取り上げる
③ 「○○さんの意見についてどう思う？」と問う

① 発問の後、列指名などで多くの意見を出させる

子どもたちの心理は？　自分はこのように考えたけど他の人はどんな考えなのかなあ

教師のできる工夫は？　例えば「この写真を見た感想を発表します」の場面で、子どもから様々な意見が出されます。その時、教師は「意見が分かれそうな発表はないか」という視点で子どもの発表を聞きます。

② 学習が深まりそうな意見を教師が1つ取り上げる

子どもたちの心理は？　色々な意見があったけど、全ての意見は覚えていないよ

教師のできる工夫は？　「○○さんの意見はクラスで面白い話し合いになりそう。もう一度発表して！」と焦点化します。さらに「よく聞いてね。後で皆にも考えてもらうからね」とクラスも巻き込みます。

③ 「○○さんの意見についてどう思う？」と問う

子どもたちの心理は？　へえ！○○さんの意見でこれから何が始まるのだろう？

教師のできる工夫は？　再度発表してもらい、③のように伝えます。この後は「隣同士で相談」「自由に出歩いて5人と意見交流」など指示し、交流した内容を全体の場で発表してもらう流れになります。

> **指導のポイント**
>
> 学習が深まりそうな意見を取り上げる視点として「意見が分かれる」があります。例えば「夏のような感じ」と発表があったら「季節はいつか？」と展開できます。「朝だと思います」に対して「1日のうちのいつか？」、「明るい感じ」に対して「明るい・暗いのどちらか」、「○○が一番」に対して「何が一番だと考える？」などと展開できます。あらかじめ教材研究の段階でいくつか発問を考えておき、子どもの発表の中に用意した発問と近い発表があったら取り上げます。

> **確認とフォロー**
>
> 子どもの意見を取り上げる時は、「○○さんの意見は良い勉強になるので考えよう」と「良い勉強になる」という前提を作ります。「私は○○さんと違って…」と反論される可能性があるためです。

（15）子どもの意見から新たな意見交流②
隣同士で相談させて活発な意見交流に

対象学年：3年生以上　使用時間の目安：5分

相談後に自分の考えを書かせて「見える化」する

① 前の（14）後、「○○さんの意見について隣同士で相談します」
② 思いつきでなく、根拠を出すよう全体に伝えてから相談開始
③ 相談した結果、自分の考えをノートに書かせる

① 前の（14）後、「○○さんの意見について隣同士で相談します」

 子どもたちの心理は？

○○さんの意見について、賛成かなあ、反対かなあ…

教師のできる工夫は？　（14）の後は隣同士で相談する時間を取ります。教室の雰囲気があまり活発でない場合、「人数を増やして相談します。起立して近くの人と相談してごらん」で活発になります。

② 思いつきでなく、根拠を出すよう全体に伝えてから相談開始

 子どもたちの心理は？

理由はないけどなんとなくこっちの意見の方が正しいのかな…

教師のできる工夫は？　「何となく」という意見を避けるため、国語なら「本文のどこに書いてあるか証拠を出して相談します」、学級会なら「多くの人が納得できる理由を出そう」と伝えて交流させます。

③ 相談した結果、自分の考えをノートに書かせる

 子どもたちの心理は？

友達の意見って参考になるなあ。自分の考えがまとまりそうだ！

教師のできる工夫は？　「はい、席に戻ります。○○さんが出してくれた意見について自分の考えをノートに書きます」と伝えます。相談後、整理された考えを書くことで、意見の見える化を図ります。

指導のポイント

意見交流では「何となく」といった思いつきをできるだけ排除します。「どうしてそのように考えるのか証拠を探すのです。難しい言葉で『根拠』と言って、「根」っこになる証「拠」のことです。多くの人が納得する意見を考えるために隣同士で知恵を出し合うのですよ」と説得力のある語りをすると良いです。また相談している時、教師は「活発に話し合っているペア」を探して「活発に相談していていいね。意見を出してくれた〇〇さんも喜ぶよ」と笑顔で褒めることもできます。

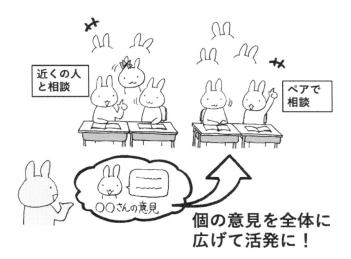

〇〇さんの意見について近くの人と相談しよう！

個の意見を全体に広げて活発に！

確認とフォロー

相談後、意見を書いている時は教室がシーンとなります。「隣同士で真剣に話し合っている姿が素敵でした。意見を出してくれた〇〇さんのおかげで良い勉強になるね」と穏やかな声で伝えると良いです。

（16）子どもの意見から新たな意見交流③
「誰か意見ある人？」で全体交流に

対象学年：３年生以上　使用時間の目安：７分

全体の発表を聞いて自分の考えを振り返らせる

① 「全体で発表してくれる人は立ちます」と伝える
② １人ずつ順番に発表させていく
③ 発表後、最終的な自分の考えを振り返らせる

---

① 「全体で発表してくれる人は立ちます」と伝える

 子どもたちの心理は？　 近くの人と話し合ったけど、色々な意見があるなあ

教師のできる工夫は？　隣同士で話し合った後は全体発表です。①のように伝え、立った子には「意見を皆に伝えようとする気持ちが素敵です。教室は皆で学ぶ場所だからね」と褒めて価値づけます。

② １人ずつ順番に発表させていく

 子どもたちの心理は？　 意見が先に言われてしまったら…できれば自分が発表したい

教師のできる工夫は？　１号車から順に発表です。「先に意見を言われるかもしれないね。その時はそっと座ってね。発表しようという前向きさは変わらないし、先生は見ていますから大丈夫」と安心させます。

③ 発表後、最終的な自分の考えを振り返らせる

 子どもたちの心理は？　 色々な意見を知って良かったけど、忘れてしまいそうだなあ

教師のできる工夫は？　発表後、「発表を聞いて自分の考えが変わっても構いません。そのために全体で発表してもらったのです。最終的に自分の考えを忘れずにノートに書きます」と伝えます。

> **指導のポイント**
>
> 隣同士やグループで話し合ったことは全体で共有させます。①のように促す以外にも、「話し合ったメンバーで代表が１人立ちます」と促す方法もあります。こうするとグループで誰か必ず発表することになります。学期始めの教室が緊張している雰囲気の時に有効です。また、子どもの意見を取り上げて話し合った後は「○○さんの意見から始まった話し合い、賛成や反対意見がたくさん出ました。それは○○さんの意見が皆で考える価値があったからです」とねぎらい、クラスに価値づけます。

> **確認とフォロー**
>
> 子どもの意見を取り上げて話し合いをした後、「○○さんの意見に始まって、隣同士で意見交流して、全体で話し合いました。みんなで作り上げた授業だね」と自分たちだけで授業したという感覚を持たせます。

（17）意見が途切れた時のリセット術
班で今の意見について相談しよう

対象学年：4年生以上　使用時間の目安：3分

シーンとしたら班で相談に切り替えリセット

① 「ここまでの話し合いを班で振り返ります」と伝える
② 班で輪になって印象に残った意見を出し合う活動を入れる
③ 再度、全体で発表させる。意見が出なければ終了

① 「ここまでの話し合いを班で振り返ります」と伝える

（意見が出ない）誰も発表しなくなった。気まずい雰囲気…

教師のできる工夫は？　全体で意見が出なくなりシーンとした雰囲気が続くようなら①を伝えます。全体では言いにくいことも少人数なら言える子もいます。班で相談することで雰囲気をリセットします。

② 班で輪になって印象に残った意見を出し合う活動を入れる

皆の前では緊張して言いにくかったけど班なら安心して言える

教師のできる工夫は？　「班なら意見が言いやすくなります。3分あげます。ここまでの話し合いで心に残った意見について伝え合います」と指示します。座っていたので起立して話し合わせ、気分転換を図ります。

③ 再度、全体で発表させる。意見が出なければ終了

班の中にも自分と同じ意見の人いたから発表してみようかな

教師のできる工夫は？　「それでは班で話し合って何か新しい意見があったら発表します」と全体に切り替えます。それでも意見が出ない場合は意見が出尽くしたと考え、次の展開に切り替えます。

指導のポイント

「3分あげるから班で相談タイムね」と相談タイムを取る時、タイマーを黒板にセットすると子どもは時間が視覚的にわかりやすくなります。この「班で相談タイム」は学級会で意見を出す時にも有効です。司会役の子は「何か意見がある人いますか？」といきなり全体に意見を求めますが、すぐには思い浮かびません。そこで教師が「〇分時間を取るので近くの人と話し合ってください」と相談タイムを司会役に教えます。一度、教えると次回から子どもたちは相談タイムを使うようになります。

シーンとなったら班でリセット！

③話し合いの活性化！

①意見が出なくなってシーン…

②班で相談してリセット！

確認とフォロー

相談タイムの後、「班で代表を決めて順番に発表してもらいます」と促す方法もあります。「意見がなかった場合は『ありません』と言えばいいのですよ」この教師のひとことが教室に安心する雰囲気を作ります。

コラム

　2章で紹介した「反論」は教師の経験年数、学級の実態によっては必ずしも取り入れる必要はありません。いくら「ニコニコ笑顔」「ふわふわ言葉」を入れて発言しようと伝えても、相手の意見を否定する要素が強いのが反論です。子どもによっては興奮しながら発言したり、反論された子は泣いてしまったりする可能性が出てきます。これでは発言しやすい雰囲気が一気に崩れてしまいます。「質問」が充分にできるようになり、人を傷つけない限り何を言っても許される雰囲気が出来上がった高学年で取り入れることをお勧めします。「質問」が発展すると「反論」に変化します。例えば「私は夏だと考えるのですが、○○さんは資料のどこから秋だと考えたのですか」は質問しているように見えますが、「秋は違うのでは」という反論にもなります。従って、敢えて「反論」という言葉を使わなくても「質問」のやり取りを経験し、慣れてくると質問が反論へ移行していくこともあります。

　「反論」を導入する時に身近な例を用いる方法もあります。「ドラえもんの主人公はドラえもん、のび太のどちらか」と聞いてグループで話し合わせるのです。「主人公は○○です。理由は〜です」と班員に発表させた後に「反論タイム」を作るのです。「3分で楽しく言い合いしてごらん」とタイマーをセットして短い時間で行います。これだと少人数で遊びの雰囲気で反論しやすくなります。こうして反論の経験を積んでから学級に取り入れるのも良いです。

第3章

次の発表レベルが格段と上がる振り返りの技

第**3**章
次の発表レベルが格段と上がる振り返りの技

「振り返り」で話し合いの度に学級全体のレベルを上げる

発表のレベルを上げる振り返りを紹介します。
キーワードは価値づけです。
授業の開始に「〜できるといいね」と目標を伝えます。
授業の途中・最後にフィードバックし
「明日も続けていこう」と価値づけします。

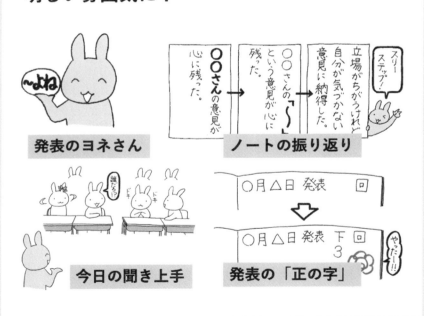

❶ 「発表のヨネさん」で発表を（18）

発表の語尾を「〜よね」に変えるだけで教室が楽しい雰囲気になります。休み時間の賑やかな雰囲気を授業に取り入れる工夫です。

❷ 証拠となる文に線を引こう（19）

「ごんぎつねの主人公はごん、兵十どっちかな」と発問後に「そう考えた理由となる文に線を引きます」と指示します。教科書を隣同士で見せ合うだけで自然と話し合いが始まります。

❸ ドキドキのくじ引き発表（20）

時には発表者をくじ引きで決めるだけでも盛り上がります。くじで当たっても「助っ人」制度で安心できます。多くの子に発表の機会を与えることができます。

❹ 友だちの良いところをほめほめ（21）

友だち同士でこれまでの成長を伝え合う活動です。「自分にはこんな良いところがあるのか」と自己肯定感が上がります。

❺ ノートの振り返り（22）（23）

授業の終わりに振り返りを書かせます。具体的には「出された意見に対する反論」「相手の意見を引用して主張する」など高学年らしい振り返りの書き方を紹介します。

❻ 今日の聞き上手は…！？（24）

授業の終わりに「今日の聞き方名人」を教師が伝えるだけで教室が「次は自分も！」という雰囲気になります。その価値づけの仕方を紹介します。

❼ 発表したくなる技「正の字」（25）

1回発表したら正の字1本引いて1ポイント！たったこれだけの仕組みですが、子どもは発言しようと前向きになります。

コラムの要点

線を引く活動の具体的な場面を紹介します。理由となる文に線を引く効果は「意見が見える化」されることです。

(18)「発表のヨネさん」で発表しよう
発表の語尾を「〜よね」に変えて楽しい雰囲気に

対象学年：3年生以上　使用時間の目安：7分

語尾を少し変えて休み時間の雰囲気で発表させる

① 「語尾を『よね』にして明るい発表にしよう」と提案する
② 班でテーマを与え、語尾を変えて発表させる
③ 発表の時に語尾を変えた子がいたら褒めて価値づける

① 「語尾を『よね』にして明るい発表にしよう」と提案する

子どもたちの心理は？

発表の時は休み時間と違って緊張して声が小さくなるなあ

教師のできる工夫は？　「『教科書に〜って書いてあるのですが』を『書いてありますよね』に変えるだけで楽しい雰囲気になるよ」と伝えます。「発表のヨネさん」とネーミングすると印象に残ります。

② 班でテーマを与え、語尾を変えて発表させる

子どもたちの心理は？

「よね」に変えるだけ雰囲気が変わるの？信じられないなあ

教師のできる工夫は？　短時間で経験させます。班で『ドラえもんの主人公は誰か』で話し合わせます。「できる限り語尾を『よね』で終わるように」伝えます。教師は「よね」で発表する子を褒めて周ります。

③ 発表の時に語尾を変えた子がいたら褒めて価値づける

子どもたちの心理は？

確かに雰囲気は明るくなるけどそのような言い方に抵抗あるな

教師のできる工夫は？　「これから授業で発表する時に使っていいからね」と伝えます。実際に発表で使う子がいたら笑顔で「○○さんのおかげで教室が休み時間みたいに明るくなったよ」と価値づけます。

50

指導のポイント

全員に語尾を変えることを強制するものではありません。「ヨネさんで発表すると休み時間のような雰囲気になるので使うといいよ」と提案し、実際に使って発表したら「ほら、多くの人が笑顔になったでしょ」と価値づけします。導入の際は、②で示したように簡単なテーマを班で話し合わせて体感させます。イラストにあるように「引用」「質問」「思う」の三種類を具体例として板書するか掲示するなどして、いつでも見られるようにすると子どもが発表しやすくなります。

語尾に「〜よね」をつけるだけで楽しい雰囲気に！
発表の「ヨネさん」だよ

引用　〇〇さんは、32頁の図から考えたのですよね

質問　〇〇さんに質問です。さっき「〜」って言いましたよね

思う　私は〜だと思うのですよね

確認とフォロー

実際に使ったら「〇〇さんみたいに『質問』する時にヨネさんは使いやすいね」と発表後に価値づけると他の子の例示となります。教師が子どもと一緒に笑顔で反応することが発表した子へのねぎらいになります。

(19) 線１本引いてワイワイやり取り
教科書を見せ合って自然と始まる意見交流を
対象学年：３年生以上　　使用時間の目安：15分

発問後に理由となる箇所に線を引いて交流させる

① 「教科書の理由となる文に線を引きます」と伝える
② 「隣同士で教科書を見せ合います！」の指示で対話開始
③ 「さらに１本！理由となる文に線を引きます」で頭フル回転

① 「教科書の理由となる文に線を引きます」と伝える

 子どもたちの心理は？ ごんぎつねの主人公はどっちだろう？ごんかな。

教師のできる工夫は？　例えば「ごんぎつね」で「主人公はごん、兵十どちらか」で選択させた後、①の指示で理由を探し始めます。長文の場合は場面毎に区切って線を引く活動を入れると良いです。

② 「隣同士で教科書を見せ合います！」の指示で対話開始

 子どもたちの心理は？ 周りの人はどこに引いたかなあ。少し気になるなあ。

教師のできる工夫は？　②を伝えます。線を引いた箇所が友達と違う場合「どうしてそこに引いたの？」と自然に意見交流が始まります。その後、班で交流させたり全体の場で発表させたりすると良いです。

③ 「さらに１本！理由となる文に線を引きます」で頭フル回転

 子どもたちの心理は？ なるほど！そういう理由でそこに引いたのか。

教師のできる工夫は？　意見交流で相手の意見を知りますが③の指示でさらに教科書を読み直します。「あっ！ここも証拠になる！」読み落としていた箇所に気づき「えっ？どこ」と周りの子も反応します。

指導のポイント

線を引かせる活動は他教科でも有効です。音楽の歌ならば「どこが一番〇〇か（例：明るい感じか）歌詞に線を引く」社会の写真や図を扱う時は「季節はいつか。理由となる写真の箇所をマルで囲む」「一番大変な作業は何番の図か」など線を引いたり印をつけたりする活動は子どもに思考を促します。体育でも技能系であれば、いくつか技のポイントを選択肢で示して「どれが一番〇〇しやすい？」と聞いて、実際に運動させて体感させることもできます。

主人公はごん、兵十のどっちかな。
場面1から理由となる行に1本の線を引きます。

－しばらくして－

隣同士で教科書を見せ合います！

確認とフォロー

意見は変わっていいことを伝えます。「話し合った結果、意見を変えたい場合は変えていいのですよ。そのために話し合っています。意見交流する中で考えを揺らせながら最終的な答えを決めるのです」

（20）ドキドキのくじ引き発表
教師が発表者をくじ引きで決めて盛り上げる
対象学年：4年生以上　使用時間の目安：15分

くじで当たっても助っ人を呼ぶルールで安心

① 教師が「くじ引きで発表者を決めます」と伝える
② 教師がくじを引き、当たった子に答えを発表させる
③ 周りの子に応援の大切さを伝える

① 教師が「くじ引きで発表者を決めます」と伝える

 子どもたちの心理は？ 間違っていたら嫌だから発表はなあ…えっ？くじで決める

教師のできる工夫は？　算数の計算練習で答えを発表してもらう場面が良いです。くじは割り箸などに出席番号を書いた物を用意すると毎年使えます。①を伝え、板書（発表）する人数分くじを引きます。

② 教師がくじを引き、当たった子に答えを発表させる

 子どもたちの心理は？ くじで当たったらどうしよう…。答えわからないし…

教師のできる工夫は？　「わからない時は助っ人を呼んでも構いません。教えてもらいながら一緒に黒板に書いてもいいですよ」を付け加えて安心させます。2人で対話しながら答えを板書することができます。

③ 周りの子に応援の大切さを伝える

 子どもたちの心理は？ ドキドキするなあ。でも助っ人を頼めばいいから少し安心

教師のできる工夫は？　「周りの人は観客席です。黒板を見て、違っていたらその場で教えてあげます。スポーツも応援してもらえると選手は喜びます。教室も同じ。教えるのも立派な応援ですよ」と伝えます。

指導のポイント

時々くじ引きで発表者を決めると、ほどよい緊張感が生まれます。算数の練習問題や一問一答など、くじで決めると多くの子に活躍する場を与えられます。助っ人は1人でも2人でも構いません。複数でワイワイ相談しながら答えを出すことで対話が生まれます。くじで当たって答えを板書した時、発表は板書した人でなく席が隣の人がすると、板書する人・発表する人とより多くの子に活躍の場を与えられます。発表前に隣同士で打ち合わせが始まり対話が生まれます。

確認とフォロー

くじで当たって「誰か助っ人お願いします」と自分から言えない大人しい子もいます。その場合は「助っ人」もくじで引くのが良いです。学級の実態に応じてルールを工夫すると面白いです。

（21）友達の良いところをほめほめ
友達の頑張りを探して伝え合い、良い雰囲気に

対象学年：4年生以上　使用時間の目安：25分

行う日を予告して褒める内容を準備させる

① 「友達をほめほめします」と1班ずつ前に呼ぶ
② イラストのように前に出た班を次の班がほめほめする
③ 全ての班の終了後に教師が振り返りをする

---

① 「友達をほめほめします」と1班ずつ前に呼ぶ

 子どもたちの心理は？

友だちのことほめほめできるか不安だし緊張するなあ…

教師のできる工夫は？　「ほめほめ大会をします。1班前に来ます。2班は1人ずつ1班の4人にひとことでいいのでほめほめします」と伝えます。具体的に褒める内容は「指導のポイント」にあります。

② イラストのように前に出た班を次の班がほめほめする

 子どもたちの心理は？

ほめてもらえるの！？でも褒められること何かしたかな…

教師のできる工夫は？　1班が終わったら2班が前に出て、3班が2班をほめほめします。最後は8班が前に出て、1班が8班をほめほめします。1つの班のほめほめが終わる度に拍手をして盛り上げます。

③ 全ての班の終了後に教師が振り返りをする

 子どもたちの心理は？

周りからそんなふうに思ってもらえていたのか。嬉しいなあ。

教師のできる工夫は？　「自分では気づかないけれど友達は見てくれているね。少しずつ成長しているのですね。ほめほめし合える学級だから授業でも自分の考えを堂々と伝えていこう」と価値づけます。

> **指導のポイント**
>
> 学期に1回行うと良いです。導入の際はほめほめする順番を予告すると誰をどのようにほめほめしようか準備の時間ができます。ほめほめの内容としては「前より成長したこと」がお勧めです。「例えば去年と比べて発表するようになったとか、明るくなったとか、ほんの少しの成長でいいので本人に伝えよう」と提案します。他にも「最近頑張ったこと」「○○が得意ですごい」「○○してすごい」「○○してくれて有り難う」などがあります。

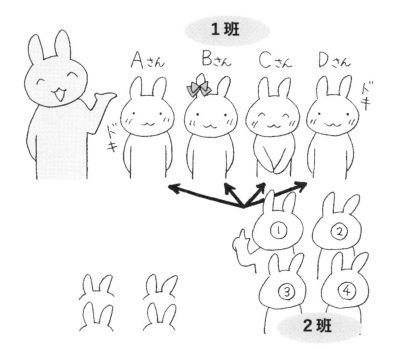

> **確認とフォロー**
>
> 子どもはイメージできないので最初は教師が全員をほめほめします。「1班前においで」と呼び、「Aさんは前と比べて…」と伝えます。見本を示し、次回の予告をして子どもに準備する時間を作ります。

第3章 ● 次の発表レベルが格段と上がる振り返りの技

（22）ノートに心に残った意見を書く
友達の名前を書くことで発表を聞く態度を育てる

対象学年：4年生以上　使用時間の目安：7分

振り返りは友達の意見を引用して書く

① 授業の終盤に「授業の振り返りを書きます」と伝える
② 一番心に残った意見を発表した人の名前を書かせる
③ 友達の名前を書くためには発表を聞くことが大切だと伝える

① 授業の終盤に「授業の振り返りを書きます」と伝える

　子どもたちの心理は？　　振り返りって何を書けばいいのかわからないから嫌だなあ

教師のできる工夫は？　「今日から振り返りでは、友達の名前を書くようにします」と伝え、「一番心に残る意見を言った人は誰でしたか」と全体に聞きます。隣同士で相談させて思い出させるのも良いです。

② 一番心に残った意見を発表した人の名前を書かせる

　子どもたちの心理は？　　友達の名前を書くだけならできるけど、それだけでいいのかな

教師のできる工夫は？　イラストのように1行で書かせます。「始めはこれだけ書けば合格です。慣れてきたらレベルUPした振り返りをします」と伝えます。誰の意見が心に残ったか発表させるのも良いです。

③ 友達の名前を書くためには発表を聞くことが大切だと伝える

　子どもたちの心理は？　　友達のことを書くためには発表を聞いていないと書けないね

教師のできる工夫は？　「次回の振り返りも友達の名前を書きます。授業を受ける時に気をつけることは？」と聞きます。「発表を聞いていないと友達の名前を書けない」と、子どもから引き出すと良いです。

指導のポイント

振り返りに友達の名前を書くことで「発表を聞く態度」を育てることができます。慣れてきたら心に残った友達の意見を引用させると良いです。「友達の意見を書く時は『　』に入れます。自分の意見と友達の意見を区別するためです」と説明します。さらに慣れてきたら「なぜ、その意見が心に残ったのか自分の理由や感想を加えると素晴らしい振り返りになります」とレベルUPさせます。友達の意見を引用する振り返りは、多くの意見が飛び交う学級会での話し合いが有効です。

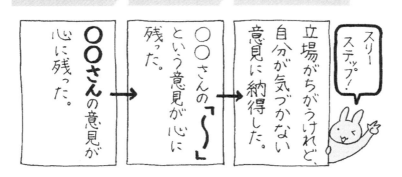

確認とフォロー

実際に「意見に感想を加える」振り返りを書いたノートを教師が全体で読み聞かせするとイメージが湧きます。子どもに振り返りをさせて手本となるノートを読み聞かせ褒めることで増やしていきます。

（23）反論ある意見文を書かせよう
「サンドイッチ」のたとえでイメージをもたせる

対象学年：5年生以上　使用時間の目安：7分

隣同士で反論すべき意見がなかったか相談する

① 「振り返りで相手の意見に対する反論を書きます」と伝える
② 隣同士で今日の発表の中に反論したいものがなかったか相談
③ 振り返りで「反対意見とその理由」の意見文を書かせる

① 「振り返りで相手の意見に対する反論を書きます」と伝える

 子どもたちの心理は？ 活発な話し合いだったけど納得のいかない意見もあったなあ

教師のできる工夫は？　①のように伝え、「話し合いで納得のいかない意見があった人もいるでしょう。それをノートに理由をつけて書いて記録として残そう」と提案します。書くことで意見を見える化させます。

② 隣同士で今日の発表の中に反論したいものがなかったか相談

 子どもたちの心理は？ 「反論はなかったよ」「自分は気になる意見あったよ」

教師のできる工夫は？　「これまでの発表で何か反論や気になる意見はなかったかな。隣同士で振り返ってごらん」と相談させます。相談する時間を取ることで、子どもは頭の中を整理することができます。

③ 振り返りで「反対意見とその理由」の意見文を書かせる

 子どもたちの心理は？ 意見文？難しそう。どうやって書けばいいのかわからないなあ

教師のできる工夫は？　「まずは反論する意見の内容をズバリ『　』に入れて書こう」とイラスト❶を板書します。次に❷を示して理由を書かせます。「3つの中で書きやすそうな接続語を選ぼう」と指示します。

指導のポイント

反論がない人がいた場合は「一番心に残った意見（(22)参照）を書けばいいよ」と伝えます。また、反論する時は「○○さんの意見に反対である」と名前を書かせない方が良いです。意見文の型は掲示すると見ながら書くことができます。❷の３つの接続語は子どもに選ばせます。「❷はどれか１つでも使えたら説得力ある意見文になるよ。２つ使えたらさらに説得力が増すね」とサンドイッチの具を例として伝えると良いです。「です・ます」調の方が書きやすい子もいるので選択させます。

意見文はサンドイッチで！

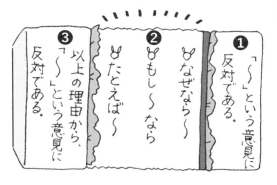

例文

❶「かわいそうなので主人公はごん」という意見に反対である。
❷なぜなら兵十もかわいそうだから。
❸以上の理由から主人公はごんという意見に反対である。

理由という具を
主張というパンで挟みます。
具が多いほど説得力がある（美味しい）
ということになります。

確認とフォロー

理由の後に再度❸のように主張を書かせます。「❸は、これで意見文は終わりという合図です。❸がないと途中で終わったと読み手は思ってしまいます。サンドイッチもパンがないと具があふれるね」と伝えます。

(24) 今日の聞き上手は…！？
授業終わりに「聞き方名人」を発表

対象学年：2年生以上　使用時間の目安：3分

手本となる聞き方を授業終盤に発表して価値づけ

① 「授業の終わりに聞き方が上手な人を発表します」と予告
② 授業中に教師は「聞き方が上手」な子を覚える
③ 授業終了間際に「今日の聞き方名人」を発表する

① 「授業の終わりに聞き方が上手な人を発表します」と予告

 子どもたちの心理は？

えっ！？聞き方名人って何だろう。どんな聞き方がいいのかな

教師のできる工夫は？　時々、授業冒頭で①を予告します。子どもから「どんな聞き方がいいのですか」と質問が出る場合があります。「それは授業の終わりにわかります」とだけ笑顔で伝えます。

② 授業中に教師は「聞き方が上手」な子を覚える

 子どもたちの心理は？

あっ今、〇〇さんが褒められた！どんな聞き方だったのかな？

教師のできる工夫は？　教師は授業中良い聞き方をする子を覚えて(メモして)おきます。「頷きながら聞く」「『なるほど』と前向きな呟きをする」「発表者に体を向ける」などどれか1点に絞って見ます。

③ 授業終了間際に「今日の聞き方名人」を発表する

 子どもたちの心理は？

なるほど！頷きながら聞くと発表した人も嬉しくなるのか！

教師のできる工夫は？　「それでは今日の聞き方名人を発表します」と伝えてから、名前を発表します。「今呼ばれた人は相手の発表を頷きながら聞いていました。発表した人も嬉しくなりますね」と伝えます。

指導のポイント

毎日でなく、時々取り入れると教室にほどよい緊張感が生まれます。聞き方名人を発表した後に、「良い聞き方」を掲示していくといつでも見返すことができます。1つ良い聞き方を発表する度に掲示を増やしていくのです。一度に良い聞き方を全て教えるより1つずつ増やしていく方が子どもに入りやすいです。また、授業終盤で聞き方名人を発表した後、「もしかしたら先生が見逃していたかもしれませんが、自分も頷きながら聞いていたって人いますか？」と確認すると良いです。

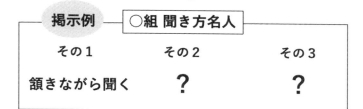

確認とフォロー

翌日の朝の会で「昨日、頷きながら聞いていた人いたよね。あのような聞き方がもっと増えるといいな」と伝えます。こうすることで教室に良い聞き方を価値づけることができます。

(25) 思わず発表したくなる「正の字」
ゲーム要素でいつの間に発表する雰囲気に

対象学年：3年生以上　使用時間の目安：5分

1回発言したら正の字1本ノートにつける

① 「1回発言したらノートに正の字1本引きます」と伝える
② 挙手→指名によらない様々な発言機会を作る
③ 授業終了間際に発言回数の目標が達成できたか確認する

① 「1回発言したらノートに正の字1本引きます」と伝える

 子どもたちの心理は？ 元々発表は苦手だから自分から手を挙げることはしないよ

教師のできる工夫は？　①のように伝え、ノートの欄外に「発表○回」と書かせます。「今日は3回発表、つまり正の字3本引けたら合格です」と目標を伝えます。目標回数は学級の実態や時期によって変えます。

② 挙手→指名によらない様々な発言機会を作る

 子どもたちの心理は？ えっ！？手を挙げるだけが発表ではないの？面白そうだなあ

教師のできる工夫は？　「手を挙げるだけが発表ではありません。書いた考えを先生に見せたり、友達に伝えたりしても発表になります。チャンスはたくさんあります」と、子どもにできそうだと思わせます。

③ 授業終了間際に発言回数の目標が達成できたか確認する

 子どもたちの心理は？ 目標達成できなかったけど今までこんなに発表したことないよ

教師のできる工夫は？　終了間際に「1回発表した人？」と確認していきます。確認の度に「自分の意見を伝えるってすごいことだよ」とねぎらいます。合ってる・間違ってるではなく発言したことを価値づけます。

指導のポイント

正の字1本引く場面として「挙手→指名」以外にも「ノートに意見を書いたら教師に見せに行く」「『発表してくれる人は立ちます』の指示で起立する」「隣の人に自分の考えを伝える」などが考えられます。例えば「ノートに書いた考えを先生に見せるのも立派な発言だよ。だからノートを先生に見せに来た人は1本線を引いていいよ」と語り、ノートを教師に見せにくる場面を作ると良いです。このように挙手→指名に限らない様々な発言の場面を作り、子どもの発言機会を増やします。

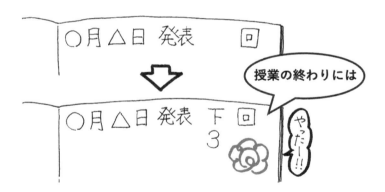

❶ ノートに書いた意見を先生に見せたら1回
❷ 書いた意見を友達に伝えたら1回
❸ 「意見がある人は立ちます」と先生に言われて起立したら1回

なども発表へのハードルが下がります。

確認とフォロー

目標達成しない子へは「これまでの自分よりは発表できた？それも立派な成長！少しずつ慣れていくから」と励まします。またこの正の字を引く方法はいつも行うとマンネリ化するので時々行うと良いです。

コラム

　教科書に線を引く活動は応用範囲が広いです。ごんぎつねでは、主人公はどちらかまずは立場を決めます。次に「そのように考えた理由があるはずです。まずは1場面で、理由となる文に線を引きます」と伝えることで、理由を考えるために教科書を精読し始めます。しばらくして「隣同士で線を引いたところを見せ合います」と指示すると自然と話し合いが始まります。この後に全体で発表させると、子どもがいろいろな文に線を引いていることがわかります。「今の発表を聞いて、確かにそうだなと思ったら線を増やしてもいいです。他にも理由となる文が見つかったら線を引いてもいいです」と展開していきます。

　線を引く活動は国語の詩でも有効です。詩を読んだ後に情景をイメージさせるために「この詩の情景は1日のうちのいつかな」「明るい詩かな、暗い詩かな」と発問した後に「そのように考えた理由となる言葉に線を引きます」と活動させることができます。また、「この詩で一番感情が込められているのは何連かな」「一番大事な連はどれかな」と発問して「その連に印をつけます」という展開もあります。

　線を引いた後にいきなり理由を発表させようとしても、「自分の考えが的外れでないか」と不安になる子もいます。ここで隣同士や班で教科書を見せ合います。この活動で「どうしてそこに引いたの？」「あっ、同じところに引いたね」など自然と話し合いが始まります。少数の交流の後に全体で発表を促すことで自分の意見が発表しやすい雰囲気になります。

隣同士の話し合い→全体発表

第4章

教師の語りで「発表する子」「聞く子」に！

第4章

教師の語りで「発表する子」「聞く子」に！

意図的に「話す・聞く」活動を体験させ、価値づけて教室に広げる

教室に発表する雰囲気を作る3つの工夫があります。
1つ目は発表後の周りの反応を良くする工夫です。
2つ目は発表を勇気づける工夫です。
3つ目は思わず発表したくなる楽しい雰囲気作りです。

❶ 発表後の周りの雰囲気を変える (26)(27)

発表が嫌な理由の多くは「合っているか不安」「間違えたら恥ずかしい」「笑われたら嫌」などです。そこで「発表の掟」を作ることで発表した後の周りの雰囲気を良くしていきます。

❷ 子どもの発言を勢いづける語り (28)

子どもの発表を勢いづける語りを紹介します。「立っただけで100点」と伝えることで自己肯定感を上げます。答えが1つに限らない様々な意見を発表させる時に有効な語りです。

❸ 発表で間違えた時の語り (29)

算数で間違えた答えを発表した時、子どもは教師の対応を見ています。間違いを1人のせいにすることなく「間違いは大切なデータ」と全体に共有する語りです。

❹ 子どもの「聞く力」を育てる語り (30)(31)

「ちゃんと聞いて！」と注意をするのではなく、聞かざるを得ない状況を作ることで話に集中するようになります。また、教師が聞き方の実演をすることで聞く姿勢の大切さを伝えます。

❺ 楽しい活動で思わず発表してしまう (32)(33)

楽しく意見交流する「ジェスチャーゲーム」、おもちゃのマイクを向けられて思わず発表してしまう楽しい雰囲気作りを紹介します。ちょっとした工夫で発表する雰囲気ができます。

コラムの要点

高学年になるほど発表するのが嫌になる傾向があります。「合っているか不安」が主な理由です。発表後の周りの反応が大切になります。

第4章　教師の語りで「発表する子」「聞く子」に！

（26）発表が苦手な子への語り
発表後、周りの子のリアクションを変える

対象学年：4年生以上　使用時間の目安：20分

クラスで話し合い「〇年〇組の発表のルール」を作る

① 「なぜ発表が苦手な人がいるのか」理由を聞く
② 「周りがどんな反応だと発表できそうか」話し合う
③ 「自分達で決めたルールは自分達で守っていこう」と語る

①「なぜ発表が苦手な人がいるのか」理由を聞く

 子どもたちの心理は？

（発表後）「間違えたら笑われそう」「反応がないと辛い」

教師のできる工夫は？　①のように聞くことで苦手な人の気持ちを出させます。発表が得意な子にも「苦手な人の気持ちを予想して」と考えさせます。理由は板書して視覚化します。明るい雰囲気で行います。

②「周りがどんな反応だと発表できそうか」話し合う

 子どもたちの心理は？

（板書を見て）この理由では確かに発表するのは嫌になるなあ

教師のできる工夫は？　②を伝えて班で相談させます。出された意見は板書して視覚化します。「クラスの発表のルールにしよう」と伝え、クラス全員で守るべき意見を多数決などで3つに絞ると良いです。

③「自分達で決めたルールは自分達で守っていこう」と語る

 子どもたちの心理は？

話し合ったのはいいけど本当に周りの反応は変わるのかなあ

教師のできる工夫は？　③を伝えて説得力を持たせます。ルールは掲示すると良いです。教師は発表後の周りの反応を見て「〇〇さんは頷きながら聞いていたね。ルールを守っている！」と褒めて価値づけます。

指導のポイント

発表が苦手な子には理由があります。その理由を板書することで見える化します。「間違えたら恥ずかしい」「合っているか不安」など出された意見を板書します。それを踏まえて「発表後の周りの反応が大切だね」と教師がまとめます。そこで「周りがどんな反応なら発表できそうか」アイデアを多く出させます。「たくさんアイデアが出たね。次から発表が増えそう。でもアイデア全部を覚えるのは大変だから3つ選んでクラスのルールにしよう」と提案し、掲示して子どもに意識させます。

なぜ発表が苦手になったのか理由を予想してごらん

理由を板書

・発表しても
リアクションがないと辛い

・間違えた時、笑われた

ならば

周りがどのようなリアクションだと発表できそう？

発表のルールづくり

頷きながら
聞いて欲しい

リアクションが
欲しい

間違えても
笑わない

確認とフォロー

ルールを決めたら発表後の周りの反応を注視します。発表のルールにある反応をした子を取り上げます。「○○さんの反応はあたたかいね。発表した△△さんも気分よく発表できたと思うよ」と時々フォローします。

（27）発表した子の気分が良くなる教室に
「変なこと言って笑われたら嫌だ」を無くす

対象学年：4年生以上　使用時間の目安：5分

教師が周りの反応を覚えてフィードバックする

① 「先生は発表後の周りの反応を見ます」と予告
② 発表の時、周りの反応が良かったらその場でフィードバック
③ 授業終了時に学級全体に反応の良さを伝えて価値づける

①「先生は発表後の周りの反応を見ます」と予告

 子どもたちの心理は？

（第4章26参照）発表のルールを決めたけど不安だなあ

教師のできる工夫は？　開始時「発表後の周りの反応が大切です」と伝えます。さらに「今日は勇気を出して発表してくれた人の後、周りの反応を見ていますよ」と予告します。発表しやすい雰囲気作りです。

② 発表の時、周りの反応が良かったらその場でフィードバック

 子どもたちの心理は？

先生の声掛けのおかげで周りの反応が良くなったかな

教師のできる工夫は？　意図的に発表の場面を作り、教師が周りの様子を見ます。「頷きながら聞いていた人がいました。発表のルールを守って嬉しいな」とその場でフィードバックします。

③ 授業終了時に学級全体に反応の良さを伝えて価値づける

 子どもたちの心理は？

クラスの雰囲気が前と違って良くなった気がする

教師のできる工夫は？　授業終了時「教室の雰囲気が変わったね。反論されて困っている時に助っ人が出たり、『確かに』って前向きな呟きがあったり良い雰囲気でした。発表がしやすくなったね」とねぎらいます。

指導のポイント

第4章（26）で紹介した「発表が苦手な子への語り」をした後、実際の授業で周りの反応を変化させます。そのために授業冒頭で①を予告します。授業では意図的に発表の場を多く作り、「頷きながら聞いている人がいたね」「良い呟きが聞こえてきた」等フィードバックします。あまり頻繁に行うとしつこくなってしまいます。「周りがプラスな反応をしてくれると発表がしやすくなるね。教室は観客席でもあります。発表する人を応援するつもりで聞こう」と語ると良いです。

「聞く人」を主役に！

クラスで話し合ったよね。
発表後の周りの反応が大事って。
今日は周りの人を見てますよ。

頷き

助っ人

確認とフォロー

授業終了時「周りの反応一つで雰囲気が変わるね。発表する人は緊張するもの。周りが応援席の観客となって聞くと良い学級になります」と価値づけます。このフィードバックは毎日でなく時々行うと良いです。

（28）子どもに発言する勇気を与える
「立っただけで100点です」で自己肯定感UP

対象学年：全学年　使用時間の目安：3分

「立っただけで100点」で発言者を増やす

① 「意見を発表できる人は立ちます」と伝える
② 「先生の授業は立っただけで100点です」と激励する
③ 発表後に価値づけて自己肯定感を高める

①「意見を発表できる人は立ちます」と伝える

子どもたちの心理は？　間違えたらどうしよう。発表しようかなあ、どうしよう

教師のできる工夫は？　①を伝えると、ぽつぽつと発言する意思がある子が立ちます。全体を見渡して「あれ？○組は35人いて発表する人はこれだけかな」と少し背中を押します。少し待つと、立つ子が増えます。

②「先生の授業は立っただけで100点です」と激励する

子どもたちの心理は？　先生から「立っただけで100点」って言ってもらえて勇気が出る

教師のできる工夫は？　②を力強く伝えます。場合によっては「あと3秒待つよ。発言する人は立ちます。どんな意見も勉強の役に立つのです。3、2、1」と伝えると周りを見ながら立つ子が数名増えます。

③ 発表後に価値づけて自己肯定感を高める

子どもたちの心理は？　あまり発表しない○さんが発表したから次は発言しようかな！

教師のできる工夫は？　1人ずつ順番に発表してもらった後、「自分の意見が誰かの役に立てばと思って立ってくれたのです。その前向きな気持ちがすでに100点なのです」と全体に価値づけをします。

指導のポイント

正解が1つでなく、自分の意見や感想を発表する場面で行うと良いです。「立っただけで100点」と伝えることで、発言前の子どもに安心感を与えます。1人ずつ発表してもらう時は「うん、うん」と力強く頷きながら聞くと子どもは「先生は自分の意見を大切にしてくれる」と感じます。それが次の発表につながります。「先生は正解を求めているのではありません。皆の頭の中が知りたいのです。皆の前で自分の意見を伝えようとする前向きさが既に100点なのです！」も子どもの心に響きます。

「立っただけで100点です！」で発言者を増やす

確認とフォロー

「発言できなかった人は立つタイミングを逃しただけだと思う。次もチャンスあるからね」と伝えると「次こそ！」と思う子が増えます。「1回発表すると1回分心がたくましくなるよ」も心に響きます。

（29）間違った発表をした時の語り
「○○さんの考え方すごくわかる」と受け入れる

対象学年：4年生以上　使用時間の目安：5分

どんな間違いも「データ」として価値づける

① （間違った発表後）「今の考えすごくわかるよ」と伝える
② 間違えた子に寄り添い、間違い理由を数分相談
③ 間違いを全体で共有して「データ」にする

① （間違った発表後）「今の考えすごくわかるよ」と伝える

 子どもたちの心理は？ えっ！間違えたの？恥ずかしい！発表しなければよかった…

教師のできる工夫は？　間違った発表後、雰囲気は少し変わります。特に算数は答えがはっきりしています。「○○さんの考え方すごくわかるよ。他にも同じ考え方の人いるでしょう」と周りに同意を求めます。

② 間違えた子に寄り添い、間違い理由を数分相談

 子どもたちの心理は？ あっ！間違えたの自分だけではなかったんだ。少し安心

教師のできる工夫は？　「○○さん安心してね。他にもいるから。この考え方をした気持ち、先生はすごくわかるよ」と全体に伝えます。「どのような考え方をしたか隣同士で想像してごらん」と指示します。

③ 間違いを全体で共有して「データ」にする

 子どもたちの心理は？ 自分だけじゃないのは嬉しい。間違いはデータ！なるほど！

教師のできる工夫は？　「発表してくれる人？」と伝えます。発表後「○○さん今の発表、当たってる？」と聞くと良いです。最後に「間違いでなくデータって見方をすると大切な記録になります」と伝えます。

指導のポイント

間違えた時の教師の対応を周りは見ています。単なるミスならば取り上げる必要はありません。算数など式の途中や考え方が間違った時、全体で共有したい時が有効です。「他にも同じ考え方した人、手を挙げてごらん」だと誰も挙手しない場合、その子だけ間違えた状態になってしまいます。「他にもいるでしょう。ほら、頷いている人結構いるよ」と伝えることで間違えた子は安心します。「この考え方をした人たちの気持ち先生わかるよ」と語ることで個人でなく全体として捉えます。

「間違い」でなく「データ」！

確認とフォロー

「間違いって悪いイメージあるよね。だからデータって考えよう。皆でたくさんのデータを出し合って答えを探していこう。そのためには多くのデータが必要です。だから発表しよう」と前向きに価値づけます。

第4章 ● 教師の語りで「発表する子」「聞く子」に！

(30) 話が聞けても姿勢が悪いと損をする
姿勢が悪いと「聞いてない…」と思われてしまう

対象学年：３年生以上　使用時間の目安：７分

どちらの聞き方が良いか学級で共有して価値づけ

① 「ＡとＢどちらの方が話しやすそう？」と伝える
② なぜＢの方が良いのか相談し、全体で共有する
③ 友だちに気持ち良く発表してもらえるようにと語る

① 「ＡとＢどちらの方が話しやすそう？」と伝える

 子どもたちの心理は？

絶対Ｂの方がいいでしょう。当たり前でしょう。

教師のできる工夫は？　①を伝え、教師が右のイラストのように実演します。「皆が発表する時、ＡとＢどちらの人に聞いてもらいたい？」と挙手してもらいます。多くがＢなので「なぜそう思う？」と聞きます。

② なぜＢの方が良いのか相談し、全体で共有する

 子どもたちの心理は？

「どうして？」って聞かれると何でだろう…（理由を考える）

教師のできる工夫は？　「多くの人がＢに手を挙げました。なぜＢなのか、隣同士で相談します」で子どもは理由を考え始めます。しばらくして「発表してくれる人？」と全体で理由を共有します。

③ 友だちに気持ち良く発表してもらえるようにと語る

 子どもたちの心理は？

発表が嫌な理由に「話しやすい雰囲気かどうか」があったのか

教師のできる工夫は？　「Ｂの方が話しやすい、もっと話したくなる、逆にＡだと話すのが嫌になるなど出ました。どうせなら気持ち良く発表してもらいたいよね。聞き方って大切なのです」と価値づけます。

指導のポイント

この指導は多くても学期に1回程度行うだけで充分です。一度指導すれば「今の聞き方大丈夫かな。発表する人にとって嫌な聞き方になっていないかな」とひとこと伝えるだけで子どもに通じるようになります。全体の聞き方の雰囲気が悪くなった時に「今の聞き方は良い聞き方かな」と伝えて気づかせます。また、「今の皆の聞き方とてもいいよ。発表した人も気分良いだろうね」「今、先生の目を見て聞いてくれたね。先生、話しながら嬉しくなったよ」と前向きな価値づけも大切です。

AとB どっちの方が話しやすい？

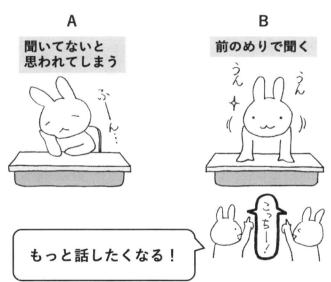

確認とフォロー

「せっかく話を聞いていたのに、聞き方が悪いと話す人は聞いてもらえていないって感じることもあります。せっかく聞いているのに姿勢が悪いだけで損することもあるよ」と伝えることも高学年には有効です。

（31）講話朝会の話を聞かせるコツ
事前にどんな話だったか聞くことを予告する
対象学年：4年生以上　使用時間の目安：7分

隣同士で伝え合う活動を取り入れて評価する
① 「後で校長先生がどんな話をしたか聞くよ」と予告する
② 隣同士でどんな話をしていたか伝え合う活動をする
③ 全体で発表させて聞いていた子を褒める

① 「後で校長先生がどんな話をしたか聞くよ」と予告する

 子どもたちの心理は？

朝会かあ、退屈だなあ。聞いているふりをすればいいかな

教師のできる工夫は？　①のように予告することで、ほどよい緊張感をもって校長先生の話を聞くことができます。「頭のメモ帳にバッチリ記録するのですよ」と伝えると良いです。

② 隣同士でどんな話をしていたか伝え合う活動をする

 子どもたちの心理は？

1つ目の校長先生の話は…2つ目は忘れたかも。どうしよう

教師のできる工夫は？　朝会後「校長先生から2つの話がありました。隣同士でどんなお話だったか伝え合います。時間は2分。それではスタート」と指示します。右のイラストのように点数を入れるのも良いです。

③ 全体で発表させて聞いていた子を褒める

 子どもたちの心理は？

隣同士で確認したので思い出せたこれでバッチリ！

教師のできる工夫は？　「誰か発表してくれる人？」と促す以外にも「それではこの列立ちます。前から順にどんな話だったか短く発表します」と列指名、「班で代表1人が発表します」など、全体で共有します。

指導のポイント

「ちゃんと聞かないと駄目」と注意するより「後でどんな話だったか誰かに答えてもらうからね」の方が子どもは聞きます。朝会後、いきなり誰かを指名するのではなく、「隣同士で相談タイム」を作ると子どもは安心します。「どんな話だったか覚えていない人は隣に教えてもらってね」と伝えると教室の雰囲気が良くなります。覚えていない人を叱るためでなく、話を覚えて発表できる人を褒めて価値づけする機会にします。子どもは覚えていなかった友達に優しく教えるようになります。

確認とフォロー

誰か発表したら「今〇〇さんが発表したこと覚えていた人」と聞き、「素晴らしい。よく覚えていたね」と確認することで全体を巻き込むことができます。発表→全体で確認することで発表した子も嬉しくなります。

(32) ジェスチャーゲームで楽しい交流
楽しい活動でいつの間にか自分を表現してしまう

対象学年：3年生以上　使用時間の目安：10分

楽しい活動の後に「話す・聞く」大切さを！

① 「ジェスチャーゲームで伝え上手になろう」と伝える
② 班で1つのチームとなり、ルールを伝えてゲームスタート
③ 発表する大変さと相手を理解する大切さを語る

① 「ジェスチャーゲームで伝え上手になろう」と伝える

 子どもたちの心理は？

ゲームって楽しそう！けどジェスチャーって恥ずかしいなぁ

教師のできる工夫は？　「カードにある言葉を言わずジェスチャーで班に伝えます。ゲームの目的は伝えることの大変さ、伝わった時の嬉しさ、相手を理解する大切さを楽しみながら学ぶことです」と語ります。

② 班で1つのチームとなり、ルールを伝えてゲームスタート

 子どもたちの心理は？

皆の前でジェスチャーは恥ずかしいけど班なら大丈夫かな

教師のできる工夫は？　ルールは、❶班で順番を決め1人教卓のカードを1枚引きに来る。❷班に戻りカードの言葉をジェスチャーで伝える。❸正解ならそのカードは班のもの。❹制限時間3分で何枚もらえるか。

③ 発表する大変さと相手を理解する大切さを語る

 子どもたちの心理は？

最初ジェスチャーは恥ずかしいと思ったけど大切なんだね

教師のできる工夫は？　「楽しみながら皆さんは伝えることの大変さ、わかってもらえた時の嬉しさを体験したね。授業も同じ。発表する人を理解しようとすれば聞き方も変わるはずだよ」と語ります。

> **指導のポイント**
>
> 班対抗戦です。カードは教師が用意しておきます。「野球」「水泳」などスポーツの単語、「鳥」「ゴリラ」などの動物、「ピアノ」「習字」「読書」など、誰もが知り、ジェスチャーしやすいものにします。ジェスチャーで「パス」もありです。その場合、カードを教卓に戻し、次のメンバーがカードを取りに行きます。こうすると多くの子が体験できます。制限時間後、カードの枚数が多い班を優勝にしても良いです。2回戦行い、1回目よりもカード枚数が増えた班をねぎらうのも良いです。

> **確認とフォロー**
>
> ちょっとした隙間時間にできます。ゲーム後、班で感想を伝え合うのも良いです。「ジェスチャーゲーム、楽しくできたね。授業の発表でも今みたいに笑顔だと周りも笑顔になるね」と伝えることもできます。

(33) 思わず発表してしまうアイテム
マイクを向けて発言しやすい雰囲気づくり

対象学年：全学年　使用時間の目安：3分

マイクで発表の雰囲気を明るくする

① 「それではこの列の人に聞いてみましょう」と伝える
② マイクを向けながら1人ずつ意見を発表してもらう
③ 「他に意見がありませんか」と全体にマイクを向ける

---

① 「それではこの列の人に聞いてみましょう」と伝える

 子どもたちの心理は？

発表嫌だなあ。指名されたらどうしよう…とても心配

教師のできる工夫は？　「ジャーン！先生こんなの用意しました」と笑顔で伝えます。「はい！それではこの列に発表してもらいましょう。○○さんどうですか？」とマイクを向けます。簡単な発問が良いです。

② マイクを向けながら1人ずつ意見を発表してもらう

 子どもたちの心理は？

あれ？先生マイクを持っている！何か少し面白そうな感じがする

教師のできる工夫は？　子どもが発表したら「以上、○○さんの意見でした。では後ろの△△さんはいかがですか？」とマイクを向けます。発表後「△△さんは〜ということでした」と全体に伝えて盛り上げます。

③ 「他に意見がありませんか」と全体にマイクを向ける

 子どもたちの心理は？

何かいつもと違って面白い！見ているこちらまで楽しくなる

教師のできる工夫は？　列指名後、全体に向けて③のように伝えます。こうすると他にも発表したい子が挙手します。発表が出尽くしたら「以上、○年○組の教室からでした」と伝えます。雰囲気が変わります。

指導のポイント

100均で売っているおもちゃのマイクを教室に常備するとマイクでの発言の促しができます。毎日でなく時々使うと良いです。また、難しい発問でなく簡単な感想や意見を求める時に使うと良いです。「マイクを向けられると自然と発言してしまうでしょ。マイクの力ってすごいね。教室の雰囲気も明るくなるしね。マイクを向けられて発表できるってことは、マイクがなくても発表できる力がついているのですよ」と価値づけます。声が小さい時は「マイクの音量を上げて」と笑顔で伝えます。

マイクを向けられると思わず発表してしまう

確認とフォロー

体育でもマイクは使えます。試合で優勝したチームにヒーローインタビューのように感想を発表してもらったり、できなかった技ができるようになった子にインタビューしたりと様々な場面で活用できます。

コラム

　勇気を出して発表したものの周りはノーリアクション。合っているかどうか不安を抱えながら発表したら間違っていた。しかも周りはシーンとした雰囲気。発表した後の周りの反応が冷たい雰囲気ならば、子どもは次から発表しようとは思わなくなります。高学年になるほど、発表した後の雰囲気に敏感になります。だからこそ、周りの反応を変える実践が必要になります。(26)(27)では発表した後、どのような反応をすれば良いか話し合うことで「発表のルール」を作る実践を紹介しました。ただ「ルール」を作っても日々の授業で教師が価値づけないと、教室に掲示した学級目標のように廃れてしまいます。「発表する」→「周りの良い反応を取り上げて価値づける」こうした教師の日々の指導があってこそ、子どもは「発表しても反応してくれる」と少し安心するようになります。日々の授業で時々、周りの反応を育てることで発表に対する良い循環が生まれます。発表者を育てるのと同時に、発表を聞く周りの反応も育てることが大切になります。

　「立っただけで100点」は子どもに安心感を与えます。「挙手→指名」は誰か1人を指名して発表してもらいます。挙手しても指名されなければ終わりです。一方、「意見がある人は立ちます」は、立った子を全てその場で「100点です」と認めることができます。ちょっとした差ですが、年間を通してこのような言葉を与え続けることで子どもの自己肯定感が上がると考えます。

86

第5章

対話をゲーム化して子どもが楽しく活動！

第5章

対話をゲーム化して子どもが楽しく活動！

「発表は緊張する」という気持ちを ゲーム要素の力で解決します

子どもは「自分の意見を知ってもらいたい」と思うものです。
全体の前では意見を伝えにくくても、少人数なら伝えやすくなります。
ゲーム化することで自分の気持ちを発言しやすい雰囲気にします。

❶ ネームプレートで意見表明を！（34）

自分の考えを声に出したりノートに書いたりしない発表があります。ネームプレートを黒板に貼る発表です。誰がどの意見に賛成か一目瞭然です。

❷ ねぎらい発表で良い雰囲気に（35）

教師が良い行動をした子をクラスに紹介。その行動に「感想」を発表させます。この「ねぎらい発表」によって、教科以外でも子どもに発表の機会を作ることができ、雰囲気も良くなります。

❸ 前で発言する経験を積もう（36）（37）

教卓の前で「はい」か「いいえ」だけ発表したり、歌をワンフレーズだけ歌ったりと発表への度胸をつけるアイデアです。たった数秒の発表経験が子どもの緊張を少しずつ減らしていきます。

❹ 話し合い意見集約の技（38）（39）（40）

学級会で意見を決める時に「賛成・反対」や「多数決」以外の方法を教えると、子どもは使いこなすようになります。意見の「変身」と「合わせ技」でより高いレベルの話し合いができます。

❺ 対話遊び（41）—（50）

ちょっとした話し合いにゲーム要素を入れるだけで自然とグループで活発に声が飛び交い、交流が生まれます。ここでは年間を通して実践可能な5つの対話ゲームを紹介します。

コラムの要点

「どうしたら授業で発表できるようになると思いますか」を子どもに質問し、調査しました。子どもの回答に授業づくりのヒントがあります。

(34) ネームプレートで意見表明を！
名前を黒板に貼ることで意思決定させる

対象学年：2年生以上　使用時間の目安：15分

ネームプレートを貼ることで意思決定ができる
① 「校長先生に飼うのを勧めるなら犬か猫どっち？」と発問
② 号車毎に黒板の決めた方にネームプレートを貼らせる
③ 「班になってどちらがいいか話し合います」で意見交流

①「校長先生に飼うのを勧めるなら犬か猫どっち？」と発問

 子どもたちの心理は？
「どっちがいいかな。迷うなあ」
「なかなか決められないよ」

教師のできる工夫は？　「AかBどちらか」選択できる発問や、学級レクのアイデアが複数出された時、黒板にネームプレートを貼るように予告することで、子どもは意思決定をせざるを得なくなります。

② 号車毎に黒板の決めた方にネームプレートを貼らせる

 子どもたちの心理は？
あっ、1号車からネームプレートを貼りに行く！早く決めなきゃ！

教師のできる工夫は？　少し考える時間を取ります。タイマーがあると時間経過が視覚的にわかります。一度に全員ネームプレートを貼りに行かせると混雑するので、号車毎に教師が呼ぶとスムーズにいきます。

③「班になってどちらがいいか話し合います」で意見交流

 子どもたちの心理は？
誰と話し合うのかな。黙っていればバレないかな…

教師のできる工夫は？　誰と話し合うか教師が指定します。班以外にも「反対意見の人も入れて自由に話し合います」「反対（同じ）意見の人とペアになって話し合います」など状況に応じて変化をつけます。

> **指導のポイント**
>
> ネームプレートを貼ることで誰がどの意見なのか一目瞭然です。「きのこの山とたけのこの里、どちらが美味いか」「卵焼きには何をかけると美味いか」といった話しやすいテーマで短時間行うのも良いです。他教科でも応用可能です。社会なら「自動車工場の大変な作業過程は何番の写真か」「3人の武将で優秀なのは誰か」など選択できる発問で有効です。全体の話し合いでも「犬派の○○さんに質問なのですが」と黒板を見ながら相手を指名して意見交流することも可能です。

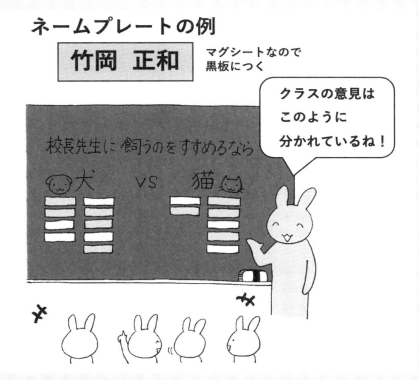

> **確認とフォロー**
>
> どうしても意思決定できない場合、「ただいま考え中」の場所を作って一時的にネームプレートを置かせるのもありますが、できれば「後で変わっていいのでとりあえず今の段階で決めよう」と促す方が良いです。

(35)「ねぎらい発表」で良い雰囲気に
友達の良い行動にねぎらいの言葉をかける

対象学年：2年生以上　使用時間の目安：5分

良い行動はできるだけ早くフィードバックする

① 学級での良い行動を教師が全体に紹介する
② 良い行動に対して「感想を伝えよう」で感想発表させる
③ 全員で拍手して教師が価値づける

---

① 学級での良い行動を教師が全体に紹介する

子どもたちの心理は？　図工室片付けるのは疲れたなあ。けど良いことしてよかった！

教師のできる工夫は？　当番でもないのに学級のためになる行動をした子を教師が全体に紹介します。例えば、図工室の片付けを最後までしたり、廊下のゴミを拾ったりしたことなどがあります。

② 良い行動に対して「感想を伝えよう」で感想発表させる

子どもたちの心理は？　片付けたことを皆に知ってもらえただけでも嬉しい！

教師のできる工夫は？　「○○さんのおかげで次の図工室の人が気持ちよく勉強できるね。そんな○○さんの行動に感想を伝えます」発表が苦手な人もいるので「誰か発表してくれる人？」と指示します。

③ 全員で拍手して教師が価値づける

子どもたちの心理は？　こうやって皆から言葉をかけてもらえるとやった甲斐があったなあ

教師のできる工夫は？　最後は拍手します。「○○さんは褒めてもらうために行動したのではありません。次に使う人のことを思って行動したのです。そのことを皆に知ってもらいたかったのです」と語ります。

指導のポイント

朝の会、帰りの会はもちろん、授業の冒頭でも短時間で実践できます。また、学級レクを企画してくれた子、何かの実行委員やリーダー的な役目に立候補してくれた子へも「ねぎらい発表」は有効です。お楽しみ会ではしおり作成、飾り付け、司会など様々な役割があります。お楽しみ会終了後に、「司会担当だった人は前に来てね。司会がいたからこそスムーズに進行できたよね。ねぎらい言葉を1班の人からどうぞ」と進めることができます。

最初は「誰か発表してくれる人？」で発表できる子に。慣れた頃からイラストのように1つの班を指定する

最後まで図工室の片付けをしてくれた2人にねぎらいの言葉を。それでは<u>1班の人</u>どうぞ

クラスの事が見えていてすごいと思います！

確認とフォロー

ねぎらい言葉をかけた後、「お互いにあたたかい言葉をかけ合って良い雰囲気になったね。良い学級って自分たちのねぎらい言葉で作られていくんだね」と教師が価値づけると良いです。

(36) 質問に前に出てYES！NO！で発表を

前に出て発言する経験を積ませて度胸をつける①

対象学年：全学年　使用時間の目安：10分

短時間に1人ずつ前で発表する仕組みを作る

① 「先生の質問にYES！NO！発表で答えます」と伝える
② 1号車から順に前で発表する流れを説明して活動開始
③ 「前で発表する経験を積むと度胸がついてくる」ことを語る

①「先生の質問にYES！NO！発表で答えます」と伝える

 子どもたちの心理は？

前に出て発表は緊張するなあ。でも「ひとこと」だけなら…

教師のできる工夫は？　朝の会で①を伝え、「今朝、パンを食べて来ましたか？と聞くので『はい』か『いいえ』で1人ずつ教卓の前で答えます」と説明します。この後、子どもの動くルートを説明します。

② 1号車から順に前で発表する流れを説明して活動開始

 子どもたちの心理は？

ドキドキするなあ。でも隣に2人いるから少し安心だなあ

教師のできる工夫は？　1号車から順に発表します。前に出るのは3人。1人が教卓で質問に答え、残りの2人は横で順番待ちです。1人が発表を終えたら、また席から1人前に出るので常に3人いる状態です。

③「前で発表する経験を積むと度胸がついてくる」ことを語る

 子どもたちの心理は？

発表は一瞬だったなあ。これなら自分でもできる気がする

教師のできる工夫は？　③を伝えます。ひとことなので行動しやすいです。また、発表待ちの子の聞く姿勢を育てるために事前に「『はい』と『いいえ』どちらが多いか予想しよう」と指示するのも良いです。

指導のポイント

毎日でなく時々行うと良いです。「はい・いいえ」以外にも「パンとご飯どちらが好きか」の質問に短く答えさせたり、さらに「ご飯です。ふりかけをかけると色々な味が楽しめるからです」と短く理由を言わせたりと、徐々に発表内容を長くする工夫もできます。その場合、前で発表させる前に隣同士で練習する時間を取ると良いです。また、学級会で「鬼ごっこかドッジボールか」に意見が割れた時にも実践できます。子どもに前に出て発言する機会を多く作るのが目的です。

前に出る経験を積む
― ひとことだけならできる ―

確認とフォロー

高学年ならば「小学校最後の授業は担任から名前を呼ばれた時に体育館に響き渡るように『はい！』と返事することです。この活動はそのための練習でもあります」と、卒業証書授与を想起させるのも有効です。

(37) 前に出てワンフレーズ歌声を！
前に出て発言する経験を積ませて度胸をつける②

対象学年：4年生以上　使用時間の目安：15分

1人ずつ前でワンフレーズだけ歌わせる

① 「合唱祭に向けて曲の出だしを1人ずつ歌います」と伝える
② 少し練習の時間を取った後、歌う順番の説明をして活動開始
③ 「1人の歌声が集まって学級の歌声になる」ことを語る

①「合唱祭に向けて曲の出だしを1人ずつ歌います」と伝える

 子どもたちの心理は？　 ええ〜！前に出て1人で歌うの！超恥ずかしい！

教師のできる工夫は？　①を伝え、「体育館で大勢の前に出ると緊張します。そのためにまずは教室で1人でも歌えることが大切です。上手に歌うのが目的ではないので大丈夫です」と安心させます。

② 少し練習の時間を取った後、歌う順番の説明をして活動開始

 子どもたちの心理は？　 歌う順番は自分で決めていいのか、最初は様子を見よう…

教師のできる工夫は？　「ひとこと発表と違い歌なので緊張も高まります。3人前に出て、教卓で1人が歌い隣に2人がスタンバイします。歌い終えたら誰か1人が前に来ます」と動き方を伝えます。

③「1人の歌声が集まって学級の歌声になる」ことを語る

 子どもたちの心理は？　 なんとか歌えた。ワンフレーズだからあっという間だったかな

教師のできる工夫は？　「自分1人くらい歌わなくてもバレないかも知れない。それでは学級の歌になりません。1人の声が集まって学級の声になるのです。歌うことでクラスを1つにしよう」と語ります。

指導のポイント

行事で歌うけど声が出ない、1人ぐらい歌わなくても…という雰囲気などを感じた時に有効です。最初に「本番で緊張せずに歌うため」「上手に歌うのが目的ではない」「1人の声が集まって学級の声になる」の3つを語ります。なぜ前に出て歌うのか目的を伝えるのが大事です。その上で「最初なので1人で歌うのがどうしても緊張するという人は2人組でも構いません。グループを作っても構いません。いずれ1人で歌えるように少しずつ人数を減らしていけるといいね」と伝えると良いです。

前に出る経験を積む
― ワンフレーズだけなら歌える ―

確認とフォロー

歌う前には「応援の拍手をしよう」と伝え、歌い終えたら「拍手！」と伝えます。「上手に歌うのが目的ではありません。緊張の中で声を出すのが大切です。そのために拍手で応援しましょう」と語ります。

(38) 話し合いの意見集約の技「変身」
出された意見を「変身」させてより良い意見に

対象学年：4年生以上　使用時間の目安：20分

話し合いの中で良い意見に変身させる経験を積む

① 「意見を『変身』させてもっと良い意見に変えます」と伝える
② 「班で7分相談して意見を変身させます」で活動開始
③ 全体で発表させて教師が振り返る

①「意見を『変身』させてもっと良い意見に変えます」と伝える

話し合いって何をどうするのかよくわからないよ

教師のできる工夫は？　話し合い前に教師が例示します。「例えば、『宝探し』も素敵なアイデアだけど、『班対抗！3分で宝探し』と変身させるともっとわかりやすくなるね！のように考えます」と説明します。

②「班で7分相談して意見を変身させます」で活動開始

友だちの意見を少し変えればいいのか。それならできそう

教師のできる工夫は？　学級レクで何をするか？の話し合いの時が有効です。「黒板の意見で、少し変えるとさらに良くなるというのがあります。7分間、班で相談して意見を変身させます」と伝えます。

③ 全体で発表させて教師が振り返る

自分では良いと思った意見も変身させたらもっと良くなるなあ

教師のできる工夫は？　「班の代表が発表します」で変身させた意見をクラスで共有します。「意見を出した人も、それを変身させた人も素晴らしい。これでより良いレクになりそうだね」と価値づけます。

指導のポイント

学級会の話し合いで「反対意見」をいきなり出させると、意見を発表した子が嫌な気持ちになる場合があります。「変身」は、意見をより良くするための前向きな話し合いになるので良い雰囲気になります。また、他教科でも応用可能です。国語の作文を推敲する場面では「友達の作文を読んで2箇所素晴らしい所を見つけて1箇所変身させましょう」などとできます。体育の技能系ならばペアで見合う場面を作り「友だちの技をアドバイスして変身させよう」と伝えることもできます。

第5章 ● 対話をゲーム化して子どもが楽しく活動！

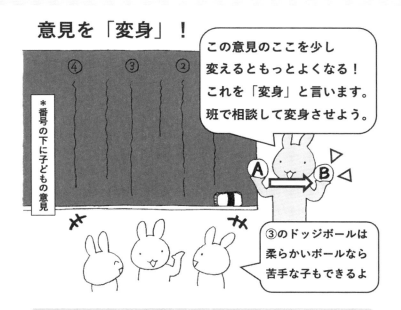

― 学級会の意見を変身させる視点 ―
・場所を変身・時間を変身・人数を変身・回数やルールを変身

確認とフォロー

「まずは意見を出すことが大事です。後で友達があなたの意見を変身させてくれますから。だから『この意見つまらないから発表する価値ないかな』なんて思わず、意見をたくさん出そう」と語ると良いです。

(39) 話し合い集約の技「合わせ技」

「合わせ技」を経験させて他教科に応用させる

対象学年：5年生以上　使用時間の目安：15分

身近な例で「合わせ技」の大切さを学ばせる

① 「どちらの立場も納得させる方法を考えよう」と伝える
② 「班で5分間たくさんアイデアを考えよう」で活動開始
③ 全体で発表させて「合わせ技」の大切さを語る

①「どちらの立場も納得させる方法を考えよう」と伝える

子どもたちの心理は？　どちらも納得するなんて1人で考えるのは難しいなあ

教師のできる工夫は？　「学級のTシャツを作ることになったとします。黒地と白地で意見が割れました。どちらの意見も納得するアイデアを班で考えてもらいます」と伝えます。

②「班で5分間たくさんアイデアを考えよう」で活動開始

子どもたちの心理は？　友達のアイデアって面白いな。確かに納得したよ

教師のできる工夫は？　「アイデアは1つでなく、できるだけたくさん出せるといいね」で話し合いを活性化させます。図で表現したい班もあるので、あらかじめ黒板を使って説明しても良いと伝えます。

③ 全体で発表させて「合わせ技」の大切さを語る

子どもたちの心理は？　合わせ技だとどちらかが嫌な思いをすることはなくなるなあ

教師のできる工夫は？　「班で発表するので説明の役割分担をします」と伝え、準備の時間を取り、全体で発表させます。「合わせ技をするとより良いアイデアに生まれ変わるね」と価値づけます。

指導のポイント

「学級レクの話し合いでサッカーとドッジボールで意見が2つに割れています。どちらも納得させるにはどんなアイデアがある？」と問うこともできます。「ジャンケンで決める」というアイデアが出される場合があります。「それも納得できるアイデアだね」と受容した上で、「ジャンケンだとどちらかのアイデアがなくなってしまうね。高学年では多かれ少なかれどちらのアイデアも残すにはどうすればいいかって考えられるといいな。ジャンケンや多数決は最終手段にしよう」と語ります。

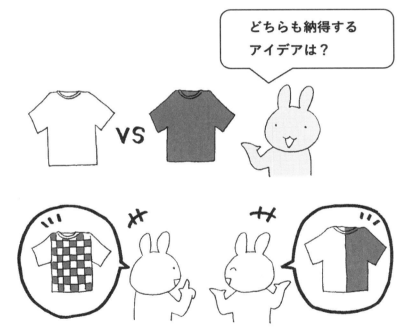

「合わせ技」の良さを経験させる

どちらも納得するアイデアは？

確認とフォロー

話し合い後「どちらも活かせるアイデアって見つかるものだね。他の勉強でも必ず役立つから合わせ技を使っていこう。賛成、反対の前に高学年ではまずは合わせ技を覚えておこう」と語ります。

（40）意見集約の技「合わせ技」

出された意見を「合わせ技」にしてより良い意見に

対象学年：5年生以上　使用時間の目安：20分

話し合いの中で「折り合い」をつける経験を積む

① 「意見の『合わせ技』で良い意見に変えます」と伝える
② 「班で5分相談して合わせ技を考えます」で活動開始
③ 全体で発表させて教師が振り返る

① 「意見の『合わせ技』で良い意見に変えます」と伝える

話し合いって何をどうするのか よくわからないよ

教師のできる工夫は？　「黒板の意見で、この意見とあの意見を組み合わせるともっと良い意見になるのがあります。AとBを合わせてウルトラCの意見にします。これを合わせ技と言います」と説明します。

② 「班で5分相談して合わせ技を考えます」で活動開始

いつも1つの意見だけ見ていたけど 2つを組み合わせるのか！

教師のできる工夫は？　話し合い前に教師が説明します。「意見Aは無理だよとか、意見Bはつまらないと批判するのは簡単。Aの良い所とBの良い所を合わせるともっと良くなる！このように考えるのです」

③ 全体で発表させて教師が振り返る

意見を出してもすぐに反対されたけどこれなら大切にされるね

教師のできる工夫は？　意見を共有した後「このように最初に反対意見を出すのではなく、まずはせっかく出してくれた意見を変身や合わせ技でもっとよくする方法はないか皆で知恵を出そう」と価値づけます。

指導のポイント

(39)の実際の授業での活用法です。学級会など意見を出しやすい話し合いで「折り合い」をつける経験をさせると良いです。「折り合い」という言葉は難しいので「合わせ技」と子どもにイメージが湧きやすい言葉に変えます。また、「変身」「合わせ技」を指導してもそれきりにせず他教科でも積極的に使うように語ります。「話し合いで教えた変身や合わせ技は、学級会だけでなく他の教科でも使える時が必ずあります。ここぞ！という時にぜひ使えるようにいつも意識して学習しよう」など語ります。

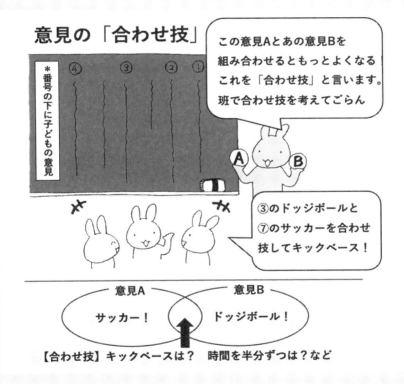

確認とフォロー

「合わせ技を考えるのは難しいのによくぞ班で知恵を出し合いましたね。授業ではいつも変身と合わせ技を意識すると良いです」とねぎらうと子どもは変身と合わせ技を他教科でも意識するようになります。

（41）対話遊びをしよう①
「○○と言ったら何が好き？」で意見交流を①

対象学年：全学年　使用時間の目安：3分

意思決定をした後に同じ意見同士で集まらせる

① 「ラーメンと言ったら何が好き？」とお題を伝える
② 「板書を見て 10 秒以内に移動します」と伝えて活動開始
③ 集まったらその場でしゃがんで周りを見るように伝える

① 「ラーメンと言ったら何が好き？」とお題を伝える

 子どもたちの心理は？

好きなラーメンかあ！豚骨…塩…次は先生何て書くかな？

教師のできる工夫は？　朝の会など短時間で行います。①を伝えた後、黒板を4等分して「とんこつ」と板書して子どもを見ると「好き！（やだあ！）」など反応します。同様に「しお」と続けて板書します。

② 「板書を見て 10 秒以内に移動します」と伝えて活動開始

 子どもたちの心理は？

塩味はどこに行けば…？あっ、呼びかけしている！あそこだ！

教師のできる工夫は？　②を伝えて「移動して集まります！」で活動開始です。学年によっては教師が移動前に集まる場所を指定するとスムーズに移動できます。「10、9…」と教師はカウントダウンします。

③ 集まったらその場でしゃがんで周りを見るように伝える

 子どもたちの心理は？

「自分1人だけだ…」
「おお！こんなにいる！」

教師のできる工夫は？　「周りを見てごらん。何が人気かわかるよ！」と伝え、「後で理由を発表し合うので考えておこう」と指示します。もし人数が1人の場所があったら教師が笑顔で入ってあげます。

指導のポイント

自己決定して教室を自由に移動し、対話を通して他者理解するのが目的です。「ラーメン嫌い！」という子がいた場合、「強いて言えばどれなら食べられそう？」「食べないとして、見た目ならどれがいい？」など聞いてあげます。それでも嫌ならば、「どれも苦手」コーナーを作ります。対話遊びなので強制しないようにします。他にも「ケーキと言ったら」「動物と言ったら」「色と言ったら」など様々あります。早く集まったら「好きな理由を考えておこう」と予告しておきます。

第5章 ● 対話をゲーム化して子どもが楽しく活動！

確認とフォロー

自己決定と他者理解が目的なので人数が多いのが勝ちとならない雰囲気を作ります。「好きなものの人数に勝ち負けはありません。友だちが好きなものを知る大切な時間です。人数は関係ないよ」と語ります。

(42) 対話遊びをしよう②
「○○と言ったら何が好き？」で意見交流を②

対象学年：2年生以上　使用時間の目安：3分

その場で円になり選んだ理由を発表する

① 「なぜその味を選んだのか理由を伝え合います」と指示
② 「その場で円になって順番に発表します」で活動開始
③ 「同じものを選んでも理由は人によって違う」ことを語る

①「なぜその味を選んだのか理由を伝え合います」と指示

子どもたちの心理は？

「理由はもう決まってる！」
「理由なんて考えたことない…」

教師のできる工夫は？　「まだ理由を考えていない人？」と確認します。「あと10秒したらスタート」などと促します。「味、トッピング、見た目など難しく考えないでね」と理由になるヒントを伝えます。

②「その場で円になって順番に発表します」で活動開始

子どもたちの心理は？

周りの理由は何だろう！
自分と同じかな！ワクワクするなぁ

教師のできる工夫は？　「友達の発表を聞く時は、『そうそう』って頷いたり、『へえ』って反応したりしよう。発表する人も気分良くなるよ」と聞く態度を指導します。発表中、教師は笑顔で見て周ります。

③「同じものを選んでも理由は人によって違う」ことを語る

子どもたちの心理は？

人数が少なくても先生が入ってくれるのかぁ。じゃあ安心！

教師のできる工夫は？　③を伝え、「○○さんは誰も選ばない味を選び、先生は理由を教えてもらったけどとても個性的だと思ったよ」と少数派の子について触れると、大切にされていると感じます。

> **指導のポイント**
>
> 朝の会や隙間時間などですぐに実践できます。「グループでの発表が終わったらその場で拍手をします」と伝えると、教師はどのグループが終わったか把握することができます。また、慣れてきたら理由を発表した後に「質問」を加えることもできます。「もっと聞いてみたいなと思ったら質問します。同じグループだからこそ聞いてみたいことがあると思うよ」と伝えます。最後にそれぞれのグループから1人代表で理由を発表すると全体で理由の共有ができます。

> **確認とフォロー**
>
> 人数が多いグループは発表を終えるまでに時間がかかるので、教師は少数派のグループに入ると良いです。発表が短時間で終わるので、さらに質問したり感想を伝えたりすることで時間調整ができます。

(43) 班対抗！ロング話し合い合戦①
楽しいお題で話し合いを続ける力をつける①
対象学年：3年生以上　使用時間の目安：10分

どの班が長く対話を続けられるか班対抗戦にする

① お題「きのこの山とたけのこの里どちらが美味しいか」
② ルール「話し合いの途中4秒、間が空いたらアウト」で開始
③ 作戦会議「どうしたら長く対話を続けられるか」を聞く

① お題「きのこの山とたけのこの里どちらが美味しいか」

 子どもたちの心理は？

> 話し合い苦手だなあ。難しいお題だと何も言えないよ…

教師のできる工夫は？　「班対抗でどの班が長く話し合いを続けられるかやります。お題を出すので立場を決めて話し合います」と前置きして①を伝えます。どちらか立場を決めてもらいます。

② ルール「話し合いの途中4秒、間が空いたらアウト」で開始

 子どもたちの心理は？

> 好きな理由は言えるけど、長く続けられるか心配だなあ

教師のできる工夫は？　「立って班毎に丸くなります」で②を伝えます。座った班は残っている班を見て、話し合いが長く続くヒミツを探るように伝えます。負けた後もやることが明確になり学習が続きます。

③ 作戦会議「どうしたら長く対話を続けられるか」を聞く

 子どもたちの心理は？

> 長く続けるコツって思ったよりあるなあ。自分も使ってみよう

教師のできる工夫は？　話し合いを長く続ける秘訣を考えさせた後は、秘訣を発表させて全体で共有します。例えば長く続いた上位3チームや班の代表に秘訣を発表させます。こうしてから2回戦目を行います。

指導のポイント

もし班全員が同じ意見になった場合、意見を変えても良いルールにします。また、話し合いの途中で意見を変えても良いことにします。目的は「長く対話を続ける」ことだからです。よって、話し合い後の作戦会議が重要になります。長く続けるコツ（例えば質問する、反論する、感想発表など）を共有することで2回戦目を行った時に、1回戦目よりも成長を実感できるからです。2回戦目は「班対抗」も行いつつ、自分の班が「1回戦目より長く続いたか」も評価します。

お題は、「きのこの山とたけのこの里 どちらが美味しいか？」
話し合いで4秒、間が空いたらアウト！
座ってもらいます。
よーい スタート！

自分は…

きのこの山！
だってカリカリして
美味しいから！

確認とフォロー

黒板にタイマーを掲示すると、終了してしまった時に話し合いの長さが可視化できます。2回戦目は1回戦目より1秒でも長く続いたら成長できたと評価してあげると次への動機づけになります。

(44) 班対抗！ロング話し合い合戦②
楽しいお題で話し合いを続ける力をつける②

対象学年：4年生以上　使用時間の目安：10分

時計回りでも長時間対話が続くかを班対抗戦にする

① お題「ドラえもんの主人公はドラえもんかのび太か」
② 新たに「発言は時計回りの順」をルールに加えて開始
③ 「どうしたら長く対話を続けられるか」作戦会議を開く

① お題「ドラえもんの主人公はドラえもんかのび太か」

話し合い苦手だなあ。難しいお題だと何も言えないよ…

教師のできる工夫は？　①のお題を伝えます。「長く話し合いを続けるには理由がたくさんあるといいね。少し時間をあげるから考えよう」と指示します。個人で考えさせたり班で相談させたりします。

② 新たに「発言は時計回りの順」をルールに加えて開始

好きな理由は言えるけど、長く続けられるか心配だなあ

教師のできる工夫は？　②を伝え、「このルールを入れた理由は皆に思いやりを学んで欲しいからです。順番が回って何も言えない友だちがいた時、班はどんな助け舟を出すか見ています」と語ります。

③ 「どうしたら長く対話を続けられるか」作戦会議を開く

長く続けるコツって思ったよりあるなあ。自分も使ってみよう

教師のできる工夫は？　教師が「例えば、何を発表して良いかわからない時は前の人の発言を受けて『○○さんの〜って意見はいいと思いました』って言えば必ず発表できるよね」と伝え、他にも考えさせます。

> **指導のポイント**
>
> 時計回りでの発言は公平に発言する機会が回ってきますが、逆に発言が苦手な子にとっては緊張します。そこで②の語りが必要になります。そして1回戦を終えたら「順番が来て何を発言して良いかわからない時に助け舟を出してもらった人？」と聞きます。手を挙げた子に発表してもらい、「○○さんの助け舟は優しいね。その助け舟なら発言しやすいね」と全体に伝えることで共有します。「授業で何を発言して良いか困った時が出てきます。そのための学びでもあるよ」と語ります。

> **確認とフォロー**
>
> 学級の実態に応じて「このテーマで2分間続いたら合格」と時間制限の話し合いにしても良いです。「今度は2分30秒だよ。できるかな」と少しだけ時間を延ばす方法もあります。周りの反応を育てるのが目的です。

(45)「違うが勝ち」で人と違う意見を①
ゲームを通して人と違う意見を発言する力を！①

対象学年：3年生以上　使用時間の目安：10分

みんなと違う意見を言いたくなる工夫をする

① お題「旅行なら海と山どちらに行きたいか」を出す
②「ノートには書くが先生の合図まで誰にも見せない」と指示
③「理由を一文で書けばゲームのエントリー完了」と伝える

① お題「旅行なら海と山どちらに行きたいか」を出す

 子どもたちの心理は？

ゲームなら楽しそう。しかも海か山か選べばいいので簡単だね

教師のできる工夫は？　「違うが勝ちゲームをします。お題を出します」と盛り上げたら①を伝え、どちらか立場を決めてもらいます。決めたらノートにズバリ「海」「山」どちらか漢字一文字で書かせます。

②「ノートには書くが先生の合図まで誰にも見せない」と指示

 子どもたちの心理は？

誰にも見せてはいけないなんてドキドキするなあ。楽しそう

教師のできる工夫は？　「後で班のメンバーに先生の掛け声に合わせてノートを見せ合います。それまで決して誰にもノートを見せないでね。見せたらゲームが面白くなくなってしまうから」と楽しく伝えます。

③「理由を一文で書けばゲームのエントリー完了」と伝える

 子どもたちの心理は？

たった一文なら自分にも書けそう。さて何て書こうかな。

教師のできる工夫は？　「理由を一文で書きます。『〜だから』と短くて良いです。理由が書けたらゲームのエントリー完了です。それでは2分で書きます。よーい、スタート」と理由を短く書かせます。

指導のポイント

違うが勝ちゲームは（46）とセットで1つのゲームです。ここではゲーム前の準備段階を紹介します。「自分だけ違う考えだったらどうしよう」「自分だけ違う意見だから間違いかな」など、子どもは他人の意見を気にします。「違うが勝ち」では、ゲーム要素を用いて人と違う意見を言いやすい雰囲気を作るのが目的です。簡単なお題で子どもにどちらか立場を決めてもらいます。なかなか決められない子には「ゲームだから深く考えないで。話し合いはしないので大丈夫」と伝えると良いです。

＊次の46に続きます

確認とフォロー

理由が書けない子のために教師が全体に「山を選ぶなら、山はハイキングができるからって書けばいいよ。海なら魚がたくさん見られるからとかね。何でも良いので深く考えずにサッと書きましょう」と伝えます。

(46)「違うが勝ち」で人と違う意見を②
ゲームを通して人と違う意見を発言する力を！②
対象学年：3年生以上　使用時間の目安：10分

みんなと違う意見を言いたくなる工夫をする

① ルール「海か山、人数が少ない方に1点」
② 班になり教師の掛け声に合わせてノートを見せ合う
③ なぜ「海」「山」にしたのか理由を発表して終了

① ルール「海か山、人数が少ない方に1点」

 子どもたちの心理は？ 人数が少ない方がいいのか！海と山どっちが少なそうかな？

教師のできる工夫は？　「先生の合図でノートを見せ合います。人数が少ない方に1点入ります。もし1人だけ違う意見なら2点です。他の人と違う意見を出すのはすごいからね」とルール説明します。

② 班になり教師の掛け声に合わせてノートを見せ合う

 子どもたちの心理は？ どっちが少ないかな？自分は海を選んだけどドキドキする！

教師のできる工夫は？　（1）「班で丸くなります」（2）教師の掛け声「せーの！」（ノートを見せ合う）（3）「得点を確認しよう」（4）「1点ゲットできた人？」「一人勝ちした人？」の順で進みます。

③ なぜ「海」「山」にしたのか理由を発表して終了

 子どもたちの心理は？ 班なら人数が少ないので理由を発表するのに緊張しないよ

教師のできる工夫は？　「班で理由を順に発表したら座ります」と伝えます。「ゲームの目的は人と違う意見を出す楽しさを知ることです。人と違う意見を堂々と言える雰囲気にしよう」と語ります。

> **指導のポイント**
>
> 「学校にチャイムは必要か」「タイムマシンで行くなら過去か未来か」などのお題は、ちょっとした隙間時間に話し合い活動として取り入れることができます。また、理由を書く場面もゲーム化できます。理由を書く場面では「3分以内に理由を書いて先生に見せにきたら1点」とすることもできます。さらに「NGワードがあります。『楽しい』を使わないで理由が書けたらプラス1点」で語彙力を高めることもできます。NGワードはお題に合わせて子どもが使いそうな言葉にすると良いです。

> **確認とフォロー**
>
> 5人組だとやりやすいです。「全員同じ」「同数」も1点にすると良いです。なるべく点数が入るルールにします。「一人勝ち」が出た場合、「人と違った意見を言って喜べる学級って素敵だね」と価値づけます。

(47)「対話遊び」漢字の熟語集め①
何を見てもいいので熟語をたくさん書く

対象学年：4年生以上　使用時間の目安：7分

最初は1人、次に2人協力して熟語を集める

① 「新出漢字『感』がつく熟語をたくさん集めよう」と伝える
② 「最初1人で。次に隣同士で協力して集めます」で活動開始
③ 「いくつ集めたか聞きます。3個の人？4個？…」と確認

①「新出漢字『感』がつく熟語をたくさん集めよう」と伝える

 子どもたちの心理は？

熟語なんて思いつかないよ…どうしよう。漢字苦手だしなあ

教師のできる工夫は？　「『感』がつく熟語をできるだけたくさん集めます。教科書や漢字ドリル、辞書を見ても構いません」と伝えます。「例えば何がありますか？」と数名に発表させて例示します。

②「最初1人で。次に隣同士で協力して集めます」で活動開始

 子どもたちの心理は？

教科書見ていいのは安心だけど難しいなあ。できるかな？

教師のできる工夫は？　「最初は1人で。3分後に隣同士で協力していいよと合図を出します」と伝えて活動開始です。教師は教室を周りながら「もう3個書いた人がいる！」と褒めます。5分程で終了します。

③「いくつ集めたか聞きます。3個の人？4個？…」と確認

 子どもたちの心理は？

6個書いたけど周りは何個ぐらい書いたのかな。少し気になる

教師のできる工夫は？　「何個書いたか聞きます。3個の人？4個？…それ以上書いた人？すごい！立ちます」と褒めて、立った子に個数を発表させた後、「たくさん集めたね。皆で拍手！」とねぎらいます。

> **指導のポイント**
>
> 新出漢字を学習した後の実践です。「後でたくさん集めた熟語を使って班で協力するゲームをします。そのためにもたくさん熟語を探します」と伝えると動機づけになります。活動中は「もう３個書いた人がいます」「隣同士で協力する姿は美しいね」「辞書にはたくさんあるね。辞書を活用できる人は賢い！」など実況中継しながら教室内を回ります。子どもは教師の実況中継を聞きながら良い行動を真似します。終盤は「残り１分ほどです」と予告することで見通しを持つことができます。

８班ある場合、黒板を８等分する

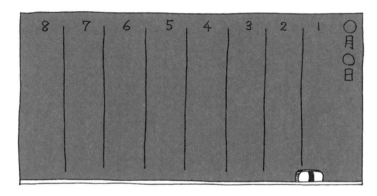

① 「感」がつく熟語をたくさんノートに書く

② 班でチームになり１人ずつ板書しに行く　→４８

③ １番明るい感じのする熟語はどれか？　→４９

> **確認とフォロー**
>
> ③の「何個書いたか聞きます」は短い時間で確認するようにします。子どもの様子から「７個書いた人？」といきなり多めの数から聞く展開もあります。そうすることで次の場面にサッと移ることができます。

(48)「対話遊び」漢字の熟語集め②
黒板に意見を書くことで発表体験ができる

対象学年：4年生以上　使用時間の目安：10分

班でチームになり熟語を1人1つ黒板に書く

① 「班でチームになり1人ずつ熟語を書きに来ます」と伝える
② 「同じ熟語は書けません。書けなくなったら終了」で開始
③ 「終了した班は他の班の熟語をノートに写します」と指示

①「班でチームになり1人ずつ熟語を書きに来ます」と伝える

 子どもたちの心理は？ 前で書くのは緊張…けど一度に多くの人が出るから大丈夫かな

教師のできる工夫は？　①を伝え「声で発表するのが苦手な人も書く発表ならできます。皆の前で意見を書く体験を通して発表に慣れるのも目的の1つです」と語ります。班で相談して板書する順番を決めます。

②「同じ熟語は書けません。書けなくなったら終了」で開始

 子どもたちの心理は？ あまりノートに書いてないよ。でも教え合うのもOKなので安心

教師のできる工夫は？　「1番から熟語を書きに来ます。書いたら次の人へチョークを渡します」で開始です。「班で苦手な人に教えてあげてもいいよ。教え合うのが良い学級です」と協力するよう語ります。

③「終了した班は他の班の熟語をノートに写します」と指示

 子どもたちの心理は？ ああ終わっちゃった。班で17個。終わったらどうするの？

教師のできる工夫は？　「これ以上書けなくなったら終了です。熟語の数を数えて黒板に記録します。その後は他の班の板書を見て自分の班にない熟語をノートに書きます」と終わった後の活動も伝えます。

指導のポイント

前で自分の意見を板書する経験を積むのが活動の目的です。ノートにたくさん書けない子のために「教えてあげていいのですよ」と班で協力することの大切さを伝えます。こうすることで「〇〇さんのせいで終わった！」のようなヤジを防ぎます。クラスの実態に応じて、班対抗！熟語の数ベスト３のように３位まで発表することもできます。どの新出漢字で熟語を書かせるかは「熟語がたくさんありそうな漢字」「間違えやすそうな漢字」「画数が多く覚えるのが難しそうな漢字」などが良いです。

確認とフォロー

活動の終わりの見通しを持たせるため、「まだまだ書ける班がたくさんありますが、あと１周したら終了にします」と予告します。終了後、「クラスで力を合わせるとすごい数になるね」と価値づけます。

(49)「対話遊び」漢字の熟語集め③
班での対話を通して意見を1つに絞る力をつける

対象学年：4年生以上　使用時間の目安：15分

教師のお題を班で相談して1つに決めさせる

① 「黒板の中で1番明るい感じのする熟語はどれ？」と伝える
② 「辞書を見ても大丈夫。班で相談して1つ決めます」で開始
③ 「多くの班が選んだ熟語が『一番明るいで賞』」で数を確認

①「黒板の中で1番明るい感じのする熟語はどれ？」と伝える

子どもたちの心理は？　1つに絞るのは難しい。3つぐらい候補を出すのならできそう

教師のできる工夫は？　①を伝え「自分の班以外の熟語でも構いません。個人で3つぐらい候補を探そう」と語ります。「辞書を見ても構いません。残り3分ぐらいで探そう」と予告します。

②「辞書を見ても大丈夫。班で相談して1つ決めます」で開始

子どもたちの心理は？　班でも1つに絞るのは大変。制限時間があるから大丈夫かな

教師のできる工夫は？　「班で相談して1つに絞ります。時間は3分。後で班毎に選んだ熟語を発表してもらいます。一番多くの班が選んだ熟語が『一番明るいで賞』です」で相談開始です。

③「多くの班が選んだ熟語が『一番明るいで賞』」で数を確認

子どもたちの心理は？　「一番明るいで賞」ってなんか勉強っぽくなくて楽しそう

教師のできる工夫は？　「1班から選んだ熟語を発表してもらいます」と伝えます。全ての班の発表の後、多くの班が選んだ熟語を確認します。「多かった『感謝』を選んだ班おめでとう！」と拍手で終了です。

指導のポイント

(48)の活動だけで終えても良いです。さらに対話を経験させたい時に本実践は有効です。班で相談して1つに決める以外にも「班で相談後、個人が決める」方法もあります。具体的には「全員立ちます。1人ずつ聞いていきます。〇〇さんの選んだ熟語は？」「〇〇さんと同じ『感謝』にした人？5人ですね。その5人は座ります」と「1人を指名する」→「その子と同じ熟語を選んだ人数を確認して座らせる」→「まだ立っている人を指名する」のように続けていくと短時間で集計できます。

他にも「1番楽しい」「1番力強い」「1番優しい」などお題を出すことができます

確認とフォロー

「班で相談して1つに絞る時、なかなか決まらない班もあったでしょう。皆さんどうやって1つに決めたの？」と班毎に報告してもらうことで「色々な決定の仕方」を共有することもできます。

(50)「○○と言ったら何！？」ゲーム
教師のお題に班で気持ちを１つにして答える

対象学年：２年生以上　使用時間の目安：５分

教師のお題を班で相談して１つに決めさせる

① 「ケーキと言ったら３つのうちどれ？」と聞く
② ルール「班になり『せーの！』で選んだ答えを同時発表」
③ 全員同じなら拍手！違ったら「残念！」の掛け声で終了

① 「ケーキと言ったら３つのうちどれ？」と聞く

 子どもたちの心理は？

わあ！どれにしよう。皆どれを選んだのだろう！

教師のできる工夫は？　「○○と言ったら何でしょうゲームです！」黒板に「チョコ」「いちご」「チーズ」と書いて①を伝えます。「黙って選びます。決めたら立ちます」と指示し、班で向かい合わせます。

② ルール「班になり『せーの！』で選んだ答えを同時発表」

 子どもたちの心理は？

「チョコ！」「みんなチョコにした あっ、チーズが１人！残念」

教師のできる工夫は？　「先生の『せーの！』で選んだケーキを一斉に発表します。班のメンバーが全員同じなら１ポイントです。それではいきますよ。せーの！」の掛け声で子どもたちが一斉に発声します。

③ 全員同じなら拍手！違ったら「残念！」の掛け声で終了

 子どもたちの心理は？

全員揃わなくても「残念」で終わりにできるから楽しいな

教師のできる工夫は？　「全員同じだった班は『やったあ！』と言いながら拍手をしましょう。揃わなかった班は『残念！』と言いましょう」と伝えます。「残念」をジェスチャーで表現させるのも良いです。

指導のポイント

答え合わせの時、声が自然と大きくなります。「やったあ！」「ああ！残念！」など対話が生まれます。お題は「ラーメンと言ったら」「かわいい動物と言ったら」「教科と言ったら」など何でもできます。パワポであらかじめ作成しておくと板書の時間を短縮できます。夏休み明けの始業式など、久々に会う子ども同士のコミュニケーション作りにお勧めです。「かき氷と言ったら」「宿題は（最初に全部）（毎日コツコツ）（最後にまとめて）」など夏バージョンのお題で盛り上げます。

確認とフォロー

終了後、合計ポイントが多かった班を全員で拍手することもできます。逆に一番ポイントの少ない班に向けて「あなた達は人と違ったアイデアを出し合えるメンバーの集まりです」とフォローすると良いです。

コラム

　何年か前に「どうしたら授業で発表できるようになると思いますか」と高学年にアンケートを行いました。子どもの書いた自由記述に授業づくりのヒントがたくさんあるので紹介します（少し修正してあります）。
「発表はその場の雰囲気だと思います。だからその場を良い雰囲気にしたり周りの皆が発表している人に反応したりすることが大切だと思います」
　「クラスのみんなが自分の意見を自然と受け入れられるような心温かいクラスがいいと思います。自然と受け入れられたら発表したいと思えるし、意見を受け入れたらクラスの団結力、絆がさらに良くなりみんなが楽しく毎日学校に行きたいと思えるし、みんなのことをよく知ることができるかもしれないから自然と受け入れてもらえるということはすごく大切だと思います。あとは一人一人の勇気も必要だと思います」
　「私もそうですが発表できないのは『恥ずかしい』とか『間違えるかも』とかが多いと思います。だから全員が発表できる機会を作ればみんな発表できると思います。あと先生の言っていた『休み時間の雰囲気』だと気持ちがほぐれてもっと発表しやすくなると思います（私がそうだったので）」
　「発表嫌いの子のことを考えたらもっとノートを見せに行くのを増やした方がいいかもしれません。ノートを見せに行くのも最初は怖いかもだけど見せに行って先生から毎回何か言葉をもらえればそれが自信につながっていって発表を少しだけできるようになるかも知れません。発表した時の嬉しさを知れば発表好きが増えると思います。何でも100点と言ってもらえれば私のように自信がつくと思います」
　「『間違えて笑われるクラスか、間違えてもそれを学習に繋げるクラスか』自分が思い切って発表して間違えて、それを笑われるのは、もう発表したくなくなります。だから少しでも発表しやすいクラスになるといいなと思いました」
　アンケート結果から、子どもは「教室の雰囲気」を全身でキャッチして発表するか判断しているように思います。

124

おわりに

　「その意見に反対です！なぜなら…」「確かに面白いと思うけど…」授業の中で子どもたちのこうしたやり取りを耳にするたび、私自身が子どもたちの豊かな解釈や発想に驚かされてきました。休み時間になってもやり取りを続ける姿に「子どもは自分の気持ちを相手に知ってもらいたいのだ」と改めて実感したものです。しかし、こうした場面が自然と教室に生まれたわけではありません。振り返れば、かつての私は「挙手→指名」というスタイルに依存した授業しか知りませんでした。「いつも手を挙げるのは同じ人だね」とチクリと子どもたちに投げかけていました。その状況を変える具体的な手立てを持たない自分に限界を感じていました。このままでは駄目だと思い、教育書を書店に求めました。そこで向山洋一氏の本に出会い、自分の教育観がガラリと変わりました。それ以降、向山氏の本はもちろん、氏の講座や授業映像などから様々な「発表させる手立て」を学んできました。他にも有田和正氏の子どもの追究心を育てる指導、現在は教育に関する YouTube で活躍中の伴一孝氏、村野聡氏からも発表するための工夫を学んできました。この本はこうした先達の様々な知恵があってこそ生まれたものです。

　現在、私は大学院にて「教室の雰囲気は何によって作られるのか」を研究しています。本書には「雰囲気」という言葉がたびたび登場しますが、それは子どもたちの発表意欲にとって、心理的安全性を含めた雰囲気が極めて重要であると考えるからです。今後も「雰囲気」をより具体的に言語化する研究を続け、教育現場に還元していきたいと考えています。

　原稿執筆にあたりイメージしやすいイラストを作成いただいた宇佐木みみさんには大変お世話になりました。宇佐木さんのイラストが、本書をより一層魅力的でわかりやすいものにしてくれました。また、全ての原稿を「読者の視点」で丁寧に検討してくださった東大教育サークルの皆さんのサポートがなければ、ここまで具体的で実践的な内容にはならなかったはずです。そして、前作『納得！語りで子どもを動かす学級経営』に引き続き、私のイメージを形にしてくださった学事出版の三上直樹様には、深く感謝申し上げます。最後に、本書を手に取ってくださった読者の皆様に感謝申し上げます。この本が、子どもたちが自らの考えを伝え合い、対話があふれる教室づくりの一助となることを心から願っています。

2025年1月

竹岡正和

■著者
竹岡 正和

千葉大学教育学部卒業、現在、さいたま市内小学校教諭、東京大学大学院教育学研究科修士課程在学。単著に「納得！語りで子どもを動かす学級経営」（学事出版）、「国語を核にする学級経営」、共著に「あなたの国語授業を直します」「国語教科書のわかる教え方３・４年」「『国語』授業の腕が上がる新法則」（いずれも学芸みらい社）がある。

■イラスト
宇佐木みみ

子どもが思わず発表したくなる
教師のアイデア50

2025年3月1日 初版第1刷発行

著　者　　竹岡正和
発行者　　鈴木宣昭
　　　　　学事出版株式会社
　　　　　〒101-0051 東京都千代田区神田神保町 1-2-5
　　　　　電話 03-3518-9655
　　　　　HPアドレス https://www.gakuji.co.jp

デザイン・装丁　　桂樹社グループ
印刷・製本　　　　株式会社 瞬報社

Ⓒ 竹岡正和, 2025 Printed in Japan

乱丁・落丁本はお取り替えします。
ISBN 978-4-7619-3052-3 C3037

竹岡正和著
B5判 162ページ
定価（本体2200円＋税）